Au Pays du Roi

Ménélick

CROQUIS NOIRS

LIBRAIRIE CATHOLIQUE
EMMANUEL VITTE
LYON – PARIS

CROQUIS NOIRS

J. BAETEMAN
Missionnaire Lazariste en Abyssinie

Au Pays du Roi Ménélick

CROQUIS NOIRS

LIBRAIRIE CATHOLIQUE EMMANUEL VITTE

LYON
3, *Place Bellecour*, 3

PARIS
10, *Rue Jean-Bart*, 10

1930

NIHIL OBSTAT

Franciscus VERDIER,
Sup. Generalis Cong. Missionis
19 Martii 1930.

IMPRIMATUR :

Lugduni, die 28 Maii 1930
A. ROUCHE,
v. g.

Avertissement

Les pages de ce volume ont été publiées une première fois, par le P. Baeteman, missionnaire Lazariste en Abyssinie, dans le grand *Bulletin des Missions catholiques*.

Comme elles donnent de ce pays si peu connu des aperçus nouveaux, et comme la plume de l'auteur a su y jeter un parfum de piété en même temps qu'un humour plein de charmes, on a cru que cet ouvrage ferait bien dans la Bibliothèque des jeunes, et qu'il pourrait contribuer à élever leurs âmes, tout en leur donnant une lecture intéressante et instructive. Après cette première série, on en donnera deux autres : *Croquis Blancs* et *Çà et là*.

L'Editeur.

Préface

Les sujets de conversation ne manquent pas, d'habitude, au missionnaire ; les pays qu'il a parcourus sont si lointains, ses histoires sont si drôles ; il a tant de moyens, s'il le veut, de vous faire rire ou de vous faire pleurer ! Je vais donc, tout simplement, fouiller dans la poche de mes souvenirs, et j'espère, qu'à la fin, quand je vous aurai longuement fatigué, vous me crierez : « Assez ! Assez ! »

Je ne vais pas me mettre à attaquer, à fouiller, à scruter, à déchiffrer les vieux manuscrits du pays, qui dorment si tranquilles dans les bibliothèques des couvents abyssins ! Ce serait fort intéressant, sans doute ; mais à nous, profanes, la porte de ces trésors ne doit jamais s'ouvrir.

Je vais tâcher de vous faire entrer dans la vie intime de nos indigènes si curieux. Je ne flatterai pas nos pauvres paroissiens ; vous me trouverez même peut-être sévère, trop sévère. Vous me pardonnerez, car vous savez bien que je les aime quand même, ces pauvres gens, pour l'amour de qui j'ai tout quitté. De plus, si je montre le mauvais côté, je montrerai aussi l'autre. Aristote plaçait la vertu dans un juste milieu ; il paraît que, depuis ce vieux grand-père de la philosophie, la vertu n'a pas changé de place. Mais les Abyssins (comme beaucoup d'autres), ont de la peine à garder ce milieu.

Puissent ces quelques lignes vous inspirer un amour sincère pour eux et puissent vos prières leur attirer les grâces de Dieu, et faire lever enfin le soleil de la liberté religieuse sur ces régions engourdies, à moitié mortes, qui ne demandent qu'à revivre !

CHAPITRE PREMIER

Pays et paysage. Aperçu géographique. Montagnes. Climat

Croquis noirs. — Pourquoi ce titre?

Pour deux raisons.

« Croquis » parce que je vais essayer de « croquer » en passant quelques tableaux ! Un missionnaire n'est pas un ciseleur de phrases ! Je vous expédierai ces lignes comme une lettre, qu'on n'a même pas le temps de relire !

« Croquis noirs » ; non pas que je verrai tout en noir ! oh ! non ! au contraire : « Vive la joie toujours, « vive la joie quand même ! » C'est là un beau refrain qu'on essaie de vivre. Bien que tout missionnaire soit quelque peu rêveur en sa qualité d'exilé, il s'efforce d'être toujours joyeux ; et si parfois les circonstances l'obligent à pleurer... il pleure d'un œil et rit de l'autre !

Ces croquis seront noirs parce qu'ils sont croqués au pays des noirs ! Les Pères du désert voulant caricaturer le diable, le disaient : « Noir comme un

Ethiopien ! » et dans la Bible il est dit « qu'il est aussi difficile à un Juif de faire le bien qu'à un Ethiopien de changer la couleur de sa peau. »

***

L'Abyssinie moderne ou empire éthiopien, la « clef de voûte de l'Afrique », la Suisse africaine, n'est qu'une partie de l'ancienne Ethiopie, qui comprenait autrefois les pays situés sur les deux rives de la mer Rouge.

Elle s'étend entre le 8°32' et le 16° de latitude Nord, le 35° et le 40°30' de longitude Est.

Elle couvre 540.000 kilomètres carrés, soit autant que la France. Quant au nombre de ses habitants, il varie (selon les écrivains) de 3 à 4 millions !

Le pays est divisé en trois grandes provinces :

1° Le *Tigré*, capitale Mékélé, avec Aksoum et Adoua comme villes principales ; il est subdivisé en une trentaine de districts ;

2° L'*Amhara*, capitale Gondar, subdivisé en vingt dictricts ;

3° Le *Choa*, capitale Addis Abéba (la nouvelle Fleur), 2.500 m. d'altitude, 100.000 habitants, sans compter une population flottante de 30.000 âmes. Il faut ajouter au Choa le Harar, dont la capitale est à environ 350 kilomètres de Djibouti.

L'armée régulière se compose de 150.000 à 200.000 hommes, appuyés d'un grand nombre d'irréguliers et de 150 canons de tous les modèles.

***

Quand j'étais petit, j'avais établi mon quartier général sur les bords d'une gracieuse petite rivière, où, en attendant d'être « pêcheur d'hommes », je faisais la guerre aux poissons ! Il y avait, non loin de la rivière, une petite montagne qui avait bien cent mètres de haut ; j'aimais à y grimper, et à me laisser glisser sur ses flancs mousseux ! Du sommet, parfois, je rêvais, les yeux perdus dans la vaste plaine, où je ne voyais guère que ma petite ville natale, et au loin de grosses taches blanches (les bœufs) sur un fond vert ! (les prés).

Quand je fus plus grand, cette tendance se précisa un peu ; j'aimais les lointains brumeux, vaporeux, perdus dans le vague où tout se noie, cette impression vive de la solitude, du désert et du silence.

Au petit séminaire, tous les samedis, un professeur nous conduisait dans une petite chapelle, et là faisait une causerie pieuse aux « Saints-Anges », comme on nous appelait ! Oh ! dérision des mots ! Nous n'étions pas des anges, ni même de petits saints ! Pendant que la voix douce et pénétrante du prêtre parlait à mon cœur, je ne quittais pas des yeux un vitrail qui me fascinait. On y voyait un grand et bel ange, donnant la main à un enfant ; ils se dirigeaient vers un paysage lointain où les montagnes, succédant aux montagnes, se perdaient dans le ciel bleu ! J'avais vite fait d'animer le paysage ; l'ange, c'était mon ange gardien ; le bonhomme, c'était moi ; et le paysage qui se dessinait au loin... c'était celui d'un pays dont le nom venait déjà caresser mon cœur et le remplir d'idées étranges. — Et depuis, le bonhomme a grandi ! il a 30 ans ! — Je pense que mon bon ange n'a pas changé ! Enfin, le rêve d'autrefois est devenu réalité, Dieu a permis que je vinsse planter ma tente au pays de mes rêves !

Deux remarques avant de vous le dépeindre.

Plusieurs auteurs anciens ont, paraît-il, placé le Paradis terrestre en Abyssinie ! Parfaitement ! Ajouterai-je aussi que les Swendenborgiens, partisans du fameux philosophe mystique suédois Swendenborg, croient que la « Nouvelle Jérusalem » fleurira en Abyssinie. Si nos Abyssins savaient cela, eux qui ont pour la Bible un attrait si fort, ils ne manqueraient pas d'en tirer vanité et même de le croire sérieusement. Aussi, je ne le leur dirai pas !

***

Jetons maintenant un rapide coup d'œil sur le pays, sur cette « terre des abîmes ». Ensuite, j'essaierai de reprendre ma description, en montant d'une zone à l'autre, depuis le bord de la mer jusqu'au sommet des plus hautes montagnes.

M. René Pilou, dans la *Revue des Deux Mondes* (avril 1901), écrit :

« Dans cette Afrique massive, aux reliefs peu accentués, se trouve une forteresse, un pays à part, le plateau abyssin. Ce plateau se compose d'un amas formidable de terrasses volcaniques, lourdement assises, puissamment musclées, servant de socle colossal à une forêt de donjons aux formes variées et étranges, s'élevant parfois à 4.000 et 5.000 mètres, revêtues de neiges persistantes et de champs de grêlons.

« Du côté de la mer, les rebords de la citadelle se dressent en escarpements brusques, en parois abruptes, courant du Nord au Sud sur plus de 1.000 kilomètres. Un système d'avant-monts et de chaînons isolés dans les déserts des Afars et des Somalis, atténue faiblement la brusque transition des steppes arides et brûlantes aux cimes fraîches et verdoyantes, gigantesque barrière qui se présente au voyageur venant de la côte et dont il faut escalader les rampes. Du côté de l'ouest, le plateau s'abaisse en pentes généralement moins brusques, en déclivités plus graduées, confondant ses derniers renflements avec les ondulations des plaines et allant s'enfoncer dans les marais qui bloquent le Nil...

« La tourmente des puissances volcaniques qui jetèrent cette Auvergne en pleine Afrique, lui laissa un aspect chaotique à nul autre pareil. Par un long travail d'érosion, le courant des eaux a complété l'œuvre des bouches ignivomes. De profondes crevasses, des fissures, des sillons capricieux, promènent le réseau de leurs entaillements à travers la plateforme, creusant des couloirs, de hautes tranchées, des vallons et des plaines. Les pieds dans la zone torride, le front dans la zone tempérée, l'Ethiopie soutient sur ses colonnes de basalte et ses fûts de granit, une sorte d'Auvergne égarée sous les tropiques. »

Ces puissances volcaniques auxquelles M. Pilou fait allusion, sont loin d'être mortes ; les tremblements de terre (en tigraï : *Dilukluk ;* en choa : *Kirdidimo)*, sont ici fréquents, en moyenne deux par semaine. Ces secousses suffiraient en Europe pour abattre une ville ; mais nos pauvres petites cahutes en pierres et en branchages, sont pour nous la meilleure assurance contre tout cataclysme ; elles sont trop basses pour pouvoir s'écrouler.

Ce qui caractérise ce pays, c'est le genre des montagnes ; cet emmêlement chaotique de masses inégales, capricieuses, qui montent, descendent, s'escaladent, frôlant le ciel de leur rude crinière, s'asseyant comme des tables gigantesques, se jouant en de folles torsades, ou roulant par une pente presque droite à d'affreux abîmes. Oui, c'est bien une Suisse, mais une Suisse sauvage, triste, désolée, dénudée, brûlée, hâlée par un soleil de feu ! Vagues monumentales, figées dans leur immobilité grandiose ; formes colossales, qui, le soir, semblent s'étendre au loin comme des monstres qui veulent s'endormir ; procession de géants jouant les uns avec les autres ; farandole de colosses noirs, quelque chose d'inconnu en tout autre pays, et qui vous laisse une impression indéfinissable.

On n'y voit pas les belles forêts, les fleurs et la verdure qui égaient nos montagnes d'Europe, ni les beaux lacs qui sommeillent, rêveurs, au fond de leur cuvette bordée de villas fleuries. C'est une nature morte, mais tellement grandiose qu'elle vous écrase.

***

On distingue trois zones en Abyssinie : la zone

inférieure ou *Kolla* (entre 1.500 à 1.800 m.), la zone moyenne ou *Ouaïnè Déga* (entre 1.800 et 2.500) enfin la zone élevée ou *Déga* (entre 2.500 à 5.000).

Je ne parle pas du bord de la mer : c'est une fournaise, un enfer. Dans la zone inférieure coulent des fleuves superbes, l'Aouache et le Nil Bleu, que les Abyssins appellent le Grand : *Abbaï*. Ces fleuves, l'Aouache surtout, sont guéables pendant la saison sèche ; mais quand les pluies arrivent et les grossissent, ils couvrent jusqu'à 600 mètres de large. Sur leurs bords, la végétation est luxuriante : mais c'est la région des fièvres. Dans les vallées basses, la chaleur est étouffante, l'air saturé de miasmes ; le lit du torrent est comme un dépotoir, où les impuretés malsaines de l'air et des eaux stagnent en attendant des victimes à faire. Il suffit de coucher une seule nuit dans le ravin, pour attraper la fièvre paludéenne qui ne vous quittera plus ; il ne faut pas non plus séjourner trop longtemps dans les premières eaux amenées par les pluies ; étant les premières, elles ont balayé sur leur chemin tous les germes mortifères que le lit du torrent recélait. Dans cette région peu d'habitants.

La zone moyenne, au contraire, possède plus de la moitié de la population. Le climat de l'Europe méridionale y règne, les cultures sont riches, la terre produit jusqu'à trois et quatre fois par an de plantureuses récoltes ; des troupeaux de moutons, de chèvres et de vaches, sont parsemés sur les montagnes, dans les vallées ; les abeilles pullulent, des myriades d'oiseaux voltigent dans l'air. La chaleur est forte, mais très supportable à l'ombre.

Enfin, la zone élevée est la région des pics solitaires, des plateaux appelés *Ambas ;* de là descendent les torrents. Peu de végétation ; quelques fleurs. Le thermomètre ne monte guère qu'à 20° ou 30° et descend la nuit jusqu'à 6° au-dessous de zéro ; les petits cours d'eau sont parfois glacés, le matin, et les plaines blanches de givre. Les aigles, les chacals et les hyènes habitent seuls ces terres trop hautes dont la vue est si belle.

Dans la zone élevée, se trouve un chardon gigantesque *(echinops giganteus)*, dont le tronc égale celui d'un arbre, et les fleurs une tête d'homme. A la même altitude on voit aussi des bruyères de 8 mètres de haut.

On rencontre dans la zone moyenne de prodigieux sycomores, sous les branches desquels plus de 1.000 personnes peuvent s'abriter. Celui de Finfini (Abdis-Abéba) couvrait 1.300 personnes. Une variété de bambou, le *djibara*, a l'apparence du palmier ; mais, au lieu de rameaux en éventail, il est couronné d'une touffe de feuilles en forme de glaives; quand elle a vieilli, la plante émet une tige de trois à cinq mètres, émaillée de fleurs lilas qui s'ouvrent successivement de bas en haut ; c'est l'annonce de la mort !

***

Au Kaffa, on trouve « l'arbre du pauvre », ou « arbre de la faim ».

Le P. Lobo, au XVIIe siècle, écrivait, parlant de cet arbre :

« Ses feuilles sont si grandes que deux suffisent pour envelopper un homme. Quand elles sont sèches, on en fait du chanvre ; on moud les branches et les côtes pour en faire une farine, qui, mélangée avec de l'eau, a un goût délicieux ; on coupe le tronc par morceaux comme des navets, on les fait cuire avec de la viande. Les Abyssins disent que, quand on coupe cet arbre, il pousse des soupirs comme un homme, et quand ils vont en couper un, ils disent qu'ils vont le « tuer » !

Le P. Martial signale des sources thermales. A Bilen, sur la rive droite de l'Aouache, il y a une eau chaude de 41 degrés. Chez les Gallas, non loin d'Addis-Abéba, il y a trois sources tempérées. Aux confins de Ghéra et du Kaffa, une source bouillante sort d'une roche isolée comme un jet volcanique ; l'eau forme ensuite un ruisseau d'une couleur laiteuse qui contient du sel, de la soude et du

Paysages et gorges des Hauts plateaux.

fer. Le Père, passant par là, mit durant cinq minutes un morceau de viande dans ces eaux, et l'en retira cuit et salé ! Très pratique !

Dans l'Erythrée, tout près de Ghinda, à 60 kilomètres de la mer, se trouvent encore des eaux sulfureuses qui font grand bien aux personnes atteintes de maladies de peau, et procurent même une certaine amélioration aux lépreux, quand le mal n'est pas trop avancé.

Le sol renferme bien des richesses : l'or, le cuivre, le fer, le plomb, l'étain, le zinc, l'antimoine, les cristaux, le sel, le cuivre, le nickel, le charbon, le lignite. Certaines rivières sont de nouveaux Pactoles ; dans nos affreuses montagnes, nous heurtons souvent du pied des cailloux à veines d'or ! Que de richesses ! Mais jamais les Abyssins laissés à eux-mêmes ne se décideront à les extraire ; ils sont trop paresseux et n'ont pas d'outils pour cela !

« Si on voulait figurer l'Abyssinie par un symbole naturel, disait Mgr de Jacobis, on devrait choisir le *Kolkoual*, comme on a choisi le palmier pour l'Egypte ». Cet arbre est une espèce d'euphorbe, en forme de candélabre, dont les hampes ramifiées atteignent dix mètres de haut. Ses branches quadrangulaires, garnies sur leurs arêtes d'épines recourbées, dépourvues de tout feuillage, forment un candélabre monstre, portant de quinze à vingt branches qui se ramifient ; au sommet de chaque tige poussent de petites fleurs d'un jaune rougeâtre, auxquelles succèdent de petites figues qui deviennent rouge-safran. La sève de cet arbre, espèce de lait blanc, est un poison violent dont les indigènes se servent souvent en guise de remède.

***

Finissons ce chapitre par quelques mots sur le climat. Il est excessivement varié. Sur les côtes, on a une moyenne de 45° à l'ombre, dix mois sur douze.

Sur les hauts plateaux, à partir de 2.000 mètres, on ne transpire plus, mais on a quelque chose de plus dur peut-être à supporter ; ce sont de continuelles et subites variations de température. On grelotte la nuit et on grille le jour. Parfois, à l'ombre, le froid vous glace et, si vous allez au soleil, il vous fait fuir. Parfois, le thermomètre, descendu au-dessous de zéro au lever du soleil, monte à 40 une heure après.

Ce terrible soleil ne nous fait pas suer, à moins de marche forcée ou de travail fatigant ; mais il brûle, il pique, il mord, il vous renverse, et la moindre imprudence peut être mortelle ; ce qui nous condamne, quand nous sortons, à arborer des ombrelles blanches, et encore malgré ombrelle, chapeau de liège et mouchoir, il trouve le moyen de nous maltraiter quand même. Ici, à Alitiéna, à tout cela, il faut ajouter cette particularité, qu'étant dans un bas-fond, la chaleur s'y condense ; le temps que nous avons, vingt jours par mois, est un mélange d'orage, de fièvre et de vent chaud ; les nuages alourdissent l'air et vous pèsent sur les épaules comme une chape de plomb. Aussi, quand une petite pluie vient purifier et rafraîchir l'air, avec quelles délices nos pauvres poitrines se dilatent-elles, pour respirer pendant quelques heures quelque chose de frais !

Vous me direz peut-être : « Installez-vous ailleurs ! » En dehors de la tribu des Irobs, c'est matériellement impossible, parce que c'est défendu par ordre du roi. Non loin d'ici, un plateau de 2.900 mètres conviendrait bien à une installation, mais, huit mois durant, il n'y a pas d'eau ! A l'heure où je vous écris, le prêtre indigène qui y réside envoie en chercher tous les jours à deux heures de chez lui, et après cette marche le porteur doit attendre de 7 heures du matin à 3 heures du soir pour remplir la peau de bouc qu'il rapportera ensuite sur ses épaules ! Nous resterons donc là où nous sommes, puisque Dieu nous y a installés, et nous y resterons, s'il le faut, jusqu'au jugement dernier inclusivement !

CHAPITRE II

Faune et Flore

Les fleurs, ces « sourires du bon Dieu », ont été un peu clairsemées par ici. Bien plus, leur odeur est à peu près nulle ; quelques-unes rappellent celles de France : l'acacia, le chèvrefeuille, etc. ; mais ces fleurs-là sont sauvages.

Le maïs, le dourrah, le coton, l'orge, poussent partout ; le blé, l'avoine, sont plutôt rares. Une variété de millet, qui a plus de dix espèces différentes, remplace le froment sur la table des riches. La pomme de terre, le caféier, la banane, la canne à sucre, se rencontrent un peu partout. L'olivier sauvage apparaît dans la région inférieure ; on a vainement essayé de greffer l'olivier d'Europe sur l'olivier franc qui abonde, et c'est grand dommage. Le lin, les fèves, les pois, les lentilles, les oignons, les citrouilles, des choux monstrueux, viennent compléter la collection. Le figuier sauvage, l'indigo, le caoutchouc, le papyrus, le tamarin, l'énorme baobab, ce pachyderme du monde végétal dont le tronc ventru mesure jusqu'à vingt-cinq mètres de circonférence, ferment la marche.

Si j'étais fort en botanique, j'essaierais de me lancer dans des classifications, des aperçus plus vastes et plus complets ; ce sera pour une autre fois. Je passe à une question moins compliquée et plus facile à traiter ; la faune.

***

En commençant par le monde des « tout petits » je pourrais signaler les puces, les poux, les punaises, locataires habitués de nos possessions même les plus réservées. Je ne vous en parlerai pas ; ce sont des paroissiens qui font déjà trop parler d'eux.

Je me bornerai à une simple constatation rétrospective, en ajoutant les mouches aux trois espèces précitées : c'est que, si Noé avait pu se dispenser, au moment du déluge, de mettre un couple de ces particuliers-là dans l'arche, il nous aurait rendu un fier service.

Sans quitter ma cabane, je puis citer encore les lézards, les caméléons, les termites. Et les araignées ! Quelques-unes sont plus venimeuses que les serpents, ce qui n'empêche pas un de mes petits chérubins noirs de m'apporter quelquefois une compagnie d'araignées, petites et grosses, dans le creux de ses mains bien fermées ; il n'a jamais été piqué ! Comme quoi, la meilleure manière de braver le danger, c'est de n'y pas faire attention !

Les scorpions sont partout ; les serpents aussi. Ce sont des voisins qu'on ne peut éviter et avec qui il faut s'efforcer de vivre en bonne intelligence ; le pays en est infesté, les gens les abattent avec leur bâton ou avec une pierre, qui, adroitement lancée, les atteint à la tête.

Bande de girafes au repos.

Enfin, et pour en finir avec mes locataires, les souris et les rats. La journée, ils sont « en ville », et, la nuit, ils entrent sans frapper ; je les ai surpris, plus d'une fois, fourrageant parmi mes livres et mes cahiers. A Haïga, je passai une nuit le fusil d'une main, et le bâton de l'autre ; ces braves souris, ayant perdu toute pudeur, mangeaient ma couverture et s'amusaient à jouer aux barres sur mon corps. A l'église même, un jour, en ouvrant notre petit harmonium, je trouvai une maman souris avec deux mignons ratons, faisant la causette sur le clavier.

Les chiens ne manquent pas. Leur queue marque les secondes quand on les caresse ; mais ils sont sauvages comme leurs maîtres. Exception faite pour Tambour II, mon chien ; il est plus stylé que les autres, il a un an et deux mois, toutes ses dents, une oreille en bataille et l'autre pendant ; en un mot, un brave type de chien !

Quant à messieurs les oiseaux, ces fleurs ailées, vivants joyaux de la nature, ils pullulent avec une variété de plumage remarquable. Mais, de même que les fleurs n'ont ici presque pas d'odeur, le chant des oiseaux est terne, maigre, criard, pauvre, ne se rapporte pas du tout à leur plumage ! On ne peut pas tout avoir à la fois !

Citons encore le perroquet, le pélican, le guépier, le martin-pêcheur, l'hirondelle (qui vient de France), la pintade, la perdrix (grosse comme un poulet d'un an), la caille, le pigeon, les oies et les canards sauvages, l'oiseau cardinal, chamarré de pourpre et qui seul mérite un bon point pour son ramage : il essaie d'imiter le rossignol sans les fugues ; le merle brun, dit d'Abyssinie, un merle blanc et noir qui chante à peu près comme le coucou, le geai noir aux ailes rouges dont le ramage n'est qu'un grognement. La Monoxita ou religieuse, avec un coqueluchon noir qui, embrassant la tête et la gorge, descend sur la poitrine ; la bergerette jaune, le bouvreuil rayé, la mésange bleue aux reflets métalliques, les huppes de diverses couleurs, et le pique-bœuf. Le passereau aux couleurs variées : l'un d'eux a un nid qui ressemble à une bourse gonflée dont l'orifice recourbé regarde en bas. Ce nid est suspendu par quelques brins d'herbe ; on en trouve parfois plus de cent à un même arbre, on dirait qu'ils en sont les fruits et les oiseaux les fleurs ; on a compté 872 de ces nids à un seul acacia. Le bengali aux nuances bien fondues, le caloa ou oiseau-rhinocéros, dont le bec arqué en forme de faux est surmonté à sa base d'une proéminence en demi-disque de 2 pouces ½ de diamètre : sa voix résonnant dans le creux de cette corne rappelle celle de l'âne. La tourterelle de la pluie qui crie plus fort quand il va pleuvoir ; c'est le baromètre du pays. Le colibri, bijou de la nature, qui vole de fleurs en fleurs, vivant de leur nectar ; il sert à découvrir les ruches dans les bois.

Les aigles sont nombreux, mesurant parfois 2 m. 80 d'envergure ; ils forment de gros accents circonflexes noirs dans le ciel bleu, tantôt ils aident les hyènes à faire le service de la voirie, etc., etc...

Ne parlons pas des moutons, des chèvres, ni des vaches qui, ici, comme partout, viennent, lourdes et maladroites, s'abreuver au torrent et qui, après avoir relevé leur mufle ruisselant, regardent l'horizon d'un air étonné. Nos zébus installent orgueillement une bosse sur leur dos ; il paraît que c'est la partie la plus appétissante de leur individu ; en tout cas, c'est le morceau réservé aux hôtes d'honneur.

Il ne faut pas oublier l'antilope qui compte une quinzaine de familles, depuis le grand *koudou*, qui a la taille d'un cheval, avec des cornes de 1 m. 30, jusqu'au *digdig*, pas plus grand qu'un lièvre, et qui semble monté sur quatre menus ressorts électriques, tellement il court vite.

***

Avant d'arriver aux animaux carnassiers, un mot des dames fourmis. Il y en a des rouges, des blanches et des noires. On trouve parfois des fourmillères qui ont trois mètres de haut. Les noires sont raisonnables ; elles se contentent de se promener placidement un peu partout, même dans nos cabanes où elles tracent une route d'intérêt commun. Les plus méchantes sont les rouges : elles sont de force à manger un soulier en une nuit ; par un reste de pudeur, tout de même, elles laissent les clous. Quand on ne les a pas aperçues et que, le matin, on enfile ses chaussettes qui en sont pleines, on trouve qu'avoir « des fourmis aux pieds », c'est un peu gênant ; et si, par hasard, on a eu le malheur de s'asseoir sur un de leur nid, on ne peut en être quitte qu'en changeant d'habits. Elles s'attaquent parfois aux poutres du toit, les creusent sans rien dire, et un beau jour, le toit vous tombe sur la tête.

Nous avons des singes cynocéphales, les uns à camail, les autres à barbe grise, tous à queue velue et à crinière pendante. On en rencontre assez souvent des bandes de deux cents à trois cent, toute une tribu. Heureusement qu'un coup de fusil les met en fuite. Quand l'un d'eux est tué, les autres l'emportent avec eux. Ils excellent dans l'art de lancer des pierres.

Les chacals rôdent la nuit en compagnie des hyènes. Plus grosses qu'un gros chien, ces dernières sont assez redoutables ; d'un coup de tête dans le ventre, elles vous renversent, et alors vous êtes perdu. Elles sont si fortes, qu'on en a vu une retirer d'un seul coup de collier un mulet embourbé, alors que huit hommes réunis n'y avaient pu parvenir. Ce qui les caractérise encore, c'est leur aboiement étrange, tantôt sanglot lugubre, tantôt ricanement. Quand on les entend, la nuit, hurler autour des cabanes, on a beau savoir qu'elles ne peuvent entrer, on est inquiet. Dernièrement, deux confrères en voyage entendirent, toute une nuit, une bande d'environ deux cents hyènes rôder autour de leur tente. Les mulets tremblaient de tous leurs membres. Quelques hommes, armés de casse-tête, suffirent à tenir les fauves à distance. Mais ce fut une nuit bien pénible.

Les léopards sont moins redoutés des gens du pays, bien qu'ils puissent vous démantibuler la figure d'un coup de griffe. Il y a, chez les Gallas, une espèce de petite panthère, qui va chercher les enfants jusque dans les maisons ; on l'appelle : « coupe-tête », parce que, sautant au cou de sa victime, elle lui détache la tête d'un coup de griffe.

Les éléphants sont nombreux. Ces lourds pachydermes marchent en bande, soulevant derrière eux des nuages de poussière, l'oreille en éventail, la trompe entre les dents, l'œil clos, les femelles et les petits au milieu, suivant tous un vieux « patriarche » qui les guide. Ils ont jusqu'à cinq mètres de taille, et leurs défenses peuvent mesurer trois mètres de long.

Sur le bord des lacs et fleuves, on trouve des hippopotames dont la peau sert à faire des jouets ou d'énormes boucliers ; on y peut aussi pêcher des crocodiles.

Citons encore le rhinocéros, l'autruche, la gazelle, la girafe, l'onagre, le zèbre, le buffle seul ou en bande ; ce dernier fonce sur l'homme les cornes en avant ; et notez que ces cornes ont jusqu'à deux mètres de long et 0 m. 60 de pourtour à la base ; on s'en sert de hanap pour l'hydromel.

Agaves en fleurs.

Enfin, pour terminer, le seigneur à la grosse tête, le lion, ce « promeneur démesuré », comme l'appelle un poète ; ceux d'Abyssinie n'ont pas volé leur réputation.

Nos confrères, dans leurs nombreux voyages, en ont rencontré plusieurs fois. L'un d'eux croisa un lion à quatre mètres de distance, et ils passèrent leur chemin tous les deux sans rien dire. Un autre missionnaire, au fond d'un ravin creux et fort étroit, se trouva un matin face à face avec le roi du désert,

Tous deux s'arrêtèrent avec des impressions diverses. Le premier recula lentement et s'écarta sur la gauche; le second passa, puis s'éloigna en rugissant, tandis que le missionnaire continuait son chemin en bénissant Dieu.

Les Abyssins sont de braves gens, et surtout des gens braves ; ils trouvent qu'aller tuer un lion avec un fusil, c'est indigne d'eux, ils le tuent avec leur lance.

Les Gallas ne tuent pas non plus l'éléphant avec un fusil ; le chasseur lui lance un lourd javelot dont la pointe creuse renferme une petite flèche aiguë qui reste dans la plaie, et comme elle est empoisonnée, l'éléphant meurt quelques heures après.

Je ne puis mieux faire, pour conclure ce chapitre, que de reproduire les deux morceaux suivants, cités par le P. Martial dans son livre sur *les Gallas*.

Deux guerriers ont tué, l'un un éléphant, l'autre un lion. Rentrés en leur village, acclamés par tous, ils racontent eux-mêmes leurs exploits :

LE TUEUR D'ÉLÉPHANTS

Sa masse énorme ressemble à un massif d'arbres,
Sur le fond des rochers, ses défenses éclatent de blancheur.
Voilà qu'il lève sa trompe menaçante,
    Elle balaie les épaves sur l'eau,
    Elle déracine les arbres et fait plaine rase ;
Mais d'un seul coup, le géant est frappé à mort.

Nous avons visé droit, nous l'avons percé d'une lance.
Il mugit comme l'orage de juillet ;
Il se précipite dans le marais ;
Il cherche son meurtrier.

Le meurtrier s'est réfugié chez lui.
Hier et aujourd'hui il demeure caché.

La bête aux dents éblouissantes est morte ;
Son deuil égale celui d'un homme riche.
Mais le petit de l'éléphant a la route franche,
On le laisse grandir comme un petit poulain.
Le tueur d'éléphant devient un homme illustre,
Un vêtement commun ne lui suffit plus.

LE TUEUR DE LION

Le lion est là couché, ses naseaux grondent ;
Les lances volent et s'entrechoquent.
. . . .
Il me montre ses crocs brillants,
On dirait qu'il veut rire avec moi !

Sa queue bat ses flancs,
Tel le veau qui tête sa mère !
Ses yeux flamboient comme l'éclair ;
Il m'enveloppe de sa rouge prunelle,
Il me provoque, il vient sur moi,
Il a compris qu'il s'agit de combat.
Il déploie larges ses quatre griffes ;
On dirait qu'il veut lutter avec moi.

J'ai désiré une clochette.
L'homme qui tue un lion suspend une clochette à son bras.
Celui qui tue un éléphant déploie des chaînes de cuivre au cou,
L'homme du léopard mérite une mince gloire,
Guère plus qu'un égorgeur de moutons.

Ma femme a de belles dents.
Elle rira de joie en montrant sa dentition.
Elle me préparera un bon festin.
Oh ! oui ! elle rira, je verrai ses belles dents.

J'étais triste de vieillir sans gloire.
J'étais consterné de vivre sans honneur.
Ce triste temps est passé,
J'ai terrassé un lion.

CHAPITRE III

Portrait physique et moral de l'Abyssin.

Après le pays, les habitants ; après la cage, les oiseaux.

Le portrait ne sera pas flatteur, je ne ferai pas comme le renard de la fable !

Et pourtant, je vais commencer par vous dire que les Abyssins sont beaux ! — Oui, quand il n'est pas dénaturé par une trop forte infusion de sang noir, le type abyssin est un des plus beaux types que l'on connaisse. Ne riez pas ! laissez-moi m'expliquer.

***

La couleur des Abyssins diffère complètement de celle du nègre. Leur peau a toutes les nuances du cuivre ; elle va jusqu'au bronze florentin ; grâce au beurre qu'on ne lui épargne guère, elle brille et reluit au soleil.

Mais, vous me direz, une belle peau ne suffit-elle pas à vous donner un brevet de beauté?

C'est vrai ! mais je voulais, en commençant par

là, vous pénétrer de l'idée que nos paroissiens ne sont pas des nègres aux lèvres lippues et au nez épaté !

Voulez-vous des citations ? Ecoutez le témoignage d'Hérodote :

« Les Abyssins sont les plus beaux des hommes, leur peau est brillante, leur visage luisant ! »

Ecoutez aussi M. Antoine d'Abbadie, qui vint explorer l'Abyssinie en 1836 :

« Faut-il donc, s'écriait-il, que des créatures si belles soient sous l'empire du démon ? »

Et M. Charles Michel, histographe de la mission Marchand :

« Les hommes sont de beaux gaillards, aux torses rougeâtres ; les femmes, de forme impeccable souvent et vraiment belles, les enfants sont nombreux, superbes et vigoureux ! »

Enfin Mgr Massaïa :

« On trouve des femmes au teint très clair, dignes de figurer à côté de nos élégantes, et qui le céderaient peu pour la beauté et pour l'esprit. Cà et là on admire des enfants si blancs que, si on les plaçait dans un collège français, ils ne se distingueraient de leurs compagnons, ni par la couleur de leur peau, ni par la finesse de leurs traits, ni par la vivacité de leur intelligence et la gentillesse de leurs manières. »

***

Mon témoignage est peu de chose à côté de tous ceux-là ; mais je veux ajouter, pour conclure, l'histoire bien authentique que voici :

Un de nos domestiques était laid comme les sept péchés capitaux ! Ce n'était pas sa faute ! Un jour nous l'envoyâmes porter nos lettres à la poste d'Adi-Caïé, à deux journées d'ici ! Pour y arriver, il devait traverser une tribu musulmane, ennemie de sa tribu. Il fut pris, reconnu, jugé. La sentence allait être prononcée, et le pauvre brave homme se préparait à la mort quand survint un vieillard.

« — Qu'allez-vous faire?

« — Tuer un ennemi !

« — De quelle tribu est-il?

« — Il est Irob !

« — Si c'était vrai, il faudrait le tuer ; mais vous n'avez qu'à le regarder ! Les Irobs sont beaux ; lui, il est trop laid pour être Irob. »

Notre messager fut relâché et il s'en revint, remerciant Dieu de lui avoir octroyé une laideur si bienfaisante.

***

La chevelure est tout particulièrement soignée.

L'enfant a presque toujours la tête rasée avec un rasoir, un couteau ou un morceau de verre ; mais on lui laisse toujours au sommet de la tête une petite touffe solitaire qui a pour fonction de le préserver du « mauvais œil », ou, peut-être encore, comme chez les Peaux-Rouges, de permettre au Grand-Esprit de le saisir.

Les jeunes filles ont une couronne autour de la tête, ce qui leur donne une grande tonsure, plus grande que celle des prêtres européens. Cette tonsure est le signe distinctif des filles à marier et — entre nous soit dit — c'est à cause de cela que nous ne portons pas la tonsure, nous autres ! Une fois mariées, elles laissent pousser leur chevelure dans toute sa splendeur.

Il y a divers modes de coiffures. Les cheveux ordinairement forment un paquet de tresses plus ou moins serrées qui, partant des tempes, vont se réunir sous la nuque en un petit bouquet de torsades. Parfois les tresses forment une spirale qui, partant de l'oreille se termine au sommet de la tête.

« Chez les Gallas, dit le P. Martial, les femmes les disposent en crête, en auréole, en toison, en floches distinctes, en mèches spirales, etc. » Voici maintenant comment par ici se construit l'édifice capillaire. Pas de « salon de coiffure pour dames », toutes les dames ici sont perruquières. Mme A. s'accroupit, et Mme B. prend place derrière elle ; cette dernière, armée d'un peigne en bois à une branche, ou d'une

Type abyssin.

grosse aiguille, commence par démêler la tignasse embroussaillée de Mme A. sa cliente. Malheureusement, chaque cheveu est comme un tire-bouchon, et s'amuse à se mêler, à s'accrocher, à s'enrouler avec ses voisins qui en font autant avec d'autres. Enfin, quand tout est bien débroussaillé, et que la chasse est faite... on commence à fabriquer les nattes ; le nombre varie entre quinze et quarante, selon probablement que la chevelure est maigre ou abondante. Le tout est donc noué sous la nuque, et alors on procède au parfumage. Notez, en passant, que l'opération a duré environ six heures ! mais c'est garanti solide et durable, et l'opération ne se renouvelle que tous les six mois !

***

Les Abyssins aiment beaucoup les parfums, qu'ils appellent « l'odeur des Français ». Ne sachant pas s'en servir, un chef en but le contenu, un jour, et trouva que ce parfum avait un drôle de goût !

Pour remplacer cette procession de petites bouteilles qui miroitent à la devanture des parfumeries, on a ici un onguent dont l'odeur seule vous renverse à vingt pas, quand on n'y est pas habitué. Figurez-vous un petit pot en paille enduit des deux côtés de noir de fumée et bien goudronné par la crasse : c'est le récipient ; à l'intérieur, si vous soulevez le petit couvercle, qui vous salira les doigts, vous découvrirez le pot aux roses : c'est du beurre ! Non pas de ce beau beurre doré que les fermières apportent au marché, couvert de multiples dessins à la fourchette, bien enfermé entre deux grandes feuilles de choux !... Non, hélas ! mais un beurre qu'on a fait bouillir avec cinq ou six espèces d'herbes qui sentent très fort et très mauvais.

Le beurre, appliqué en cataplasme sur les cheveux, retombe en ruisseaux graisseux sur la figure, le cou et les épaules, à la grande joie parfois du petit cavalier qui, perché sur le dos maternel, ne le laisse pas tomber trop bas... et en profite ! Que voulez-vous? il n'aura pas toujours, dans sa vie, du bon beurre à sa disposition !

Il n'y a pas que de la coquetterie dans cette onction de beurre ; il paraît que ce cosmétique prévient les insolations, les maux de tête, la siccité du cuir chevelu. L'épiderme devient presque imperméable. Puis les « locataires », pas plus que nous d'ailleurs, n'aiment guère cette odeur qui les fait fuir !

On s'y habitue pourtant au bout de quelques mois. Je ne sens presque plus l'odeur des gens, très peu l'odeur des choses. On se cuirasse ; mais je me rappelle que, la première fois que je pénétrai dans notre église, où hommes, femmes et enfants séjournaient depuis deux heures, je faillis être suffoqué, tant l'odeur me prit à la gorge.

***

Le regard des Abyssins n'est pas vide, hagard, morne, hébété comme celui des nègres. Leur œil est vif, perçant ; on dirait qu'ils ont une troisième paupière comme les oiseaux de proie ! Les ténèbres de la nuit ne les gênent pas, ils voient presque aussi clair la nuit que le jour. Leurs yeux brillent d'énergie, et parfois de flammes sauvages. Comme les Indiens de Fenimore Cooper, ils savent reconnaître aux traces laissées sur le sable, l'individu qui a passé.

Ils ont la barbe rare et toujours noire, parfois en tire-bouchon, presque toujours hirsute, et jamais aucun peigne ne vient la débroussailler.

Leur voix est puissante et leur ouïe très fine. Un homme au sommet d'une montagne, peut très bien converser avec un autre qui se trouve à trois kilomètres de là, sur une autre montagne.

Marcheurs intrépides, toujours nu-pieds, ils escaladent leurs abrupts rochers comme des singes, et quand ils ont fait cinquante à soixante kilomètres dans leur journée, chargés parfois d'un fardeau assez lourd, ils passeront la nuit à chanter et à danser pour recommencer le lendemain.

Ils sont très sobres par nature et par nécessité. Beaucoup de nos Irobs ne vivent guère que d'un peu de lait allongé de beaucoup d'eau et de quelques poignées d'orge grillé ! Mais, par contre, dans les repas pantagruéliques de certaines fêtes, ils consomment d'inimaginables quantités de victuailles.

On les voit prendre la viande toute crue, la porter à leur bouche, et à l'aide d'un couteau ou d'un sabre, la couper près de leurs lèvres, ingurgiter le morceau, et couper pour avaler encore.

Un Abyssin boira facilement douze litres de bière ou d'hydromel, quelques Gallas iront jusqu'à trente. Il est très rare d'en rencontrer, cependant, qui soient ivres.

Il y a, d'après eux, quatre degrés d'ivresse : 1° le *rat*, quand on commence à boire avidement comme le rat qui, ayant trouvé à manger, est tout entier à son affaire ; 2° l'*abeille*, quand on commence à entendre au milieu des buveurs un bourdonnement semblable à celui que l'on entend autour des ruches ; 3° le *singe*, quand les buveurs font autant de bruit qu'une troupe de singes, ce qui n'est pas peu dire ; 4° le *chien*, quand on hurle comme le chien et qu'on « restitue » ce qu'on a absorbé.

L'Abyssin est d'une extraordinaire adresse au tir. Un de nos paroissiens, brigand célèbre, ne manquait jamais son but. A cinq cents mètres, ses balles atteignaient un ennemi au bras d'abord, au front ensuite. Un jour, voyant une jeune fille revenir du torrent ayant sur ses épaules une outre remplie, il paria de couper la corde qui retenait la peau sur le dos de la porteuse. Quand elle fut à trente mètres, le coup partit, l'outre tomba, et la jeune fille s'enfuit épouvantée ; notre tireur n'avait touché que la corde.

Les Abyssins naissent pareillement cavaliers émérites. Le gros orteil dans l'étrier, ils sont comme cloués à leur selle, dont ils peuvent facilement se passer. Les petits enfants, au Choa, grimpent sur le dos du cheval par les pattes de derrière, comme ils monteraient à un arbre, s'accrochent à la queue, se plantent sur le dos de la bête, et ils y restent.

La propreté, dit-on chez nous, est une vertu ! Ici ! c'est presque le contraire. La plupart des Abyssins ne se lavent jamais de leur vie. Leur maison est une écurie, souvent ils couchent avec leurs bestiaux ; leurs ustensiles de ménage sont d'une saleté repoussante. Il nous faut boire, quand on va chez eux, dans certains paniers de paille, appelés *gagouds*, et qui sont badigeonnés à l'intérieur et à l'extérieur d'une forte couche de noir de fumée, de crasse de lait, parfois de bouse de vache.

Je ne parle pas de la vermine qu'ils colportent partout, même dans nos cabanes ; je ne puis pas aller voir mes petits enfants sans récolter des poux !

***

Quittons maintenant l'écorce et pénétrons à l'intérieur, faisons comme l'enfant qui crève son tambour pour voir ce qu'il a dans le ventre.

Femme somali.

Là, je serai bref et me contenterai d'énumérer les traits distinctifs de leur caractère moral.

Le voici en quelques mots. Ils sont fourbes,

orgueilleux, paresseux, sans-souci, imprévoyants, légers, inconstants, querelleurs, susceptibles, mendiants, superbes devant la faiblesse, petits et rampants devant la force. Ajoutez à tout cela l'ingratitude et une foule d'autres défauts que je ne veux pas dire, vous aurez en raccourci le portrait de l'Abyssin. Il y a, heureusement, de superbes exceptions, surtout lorsque le catholicisme est venu ciseler ces rudes âmes. On le comprendra mieux au cours de ce récit.

Je pourrais longuement développer cette appréciation et apporter une foule de détails et de faits à l'appui. Mais mes croquis « noirs » seraient « trop noirs », et peut-être n'aimeriez-vous plus nos pauvres paroissiens !

***

Pourtant, avant de clore ce chapitre, un petit mot sur le peu d'estime qu'ils ont pour la femme. Sans doute, dans tout l'Orient, la femme est plus ou moins esclave ; mais chez un peuple qui se vante d'être chrétien, on pourrait la voir un peu mieux traitée.

Chez certaines tribus musulmanes, nos voisines, voici la façon dont la fiancée est conduite à son fiancé. On la couvre d'une grande toile, et on l'enferme dans une peau de vache. Après quoi, la suspendant à une forte perche, deux hommes la transportent, comme un colis postal, au domicile du fiancé.

Ici, les choses se passent un peu mieux ; mais le mariage est toujours un marché : le père livre sa fille comme il livrerait une vache ! Les deux futurs souvent ne se connaissent pas, et, s'ils sont exposés à se rencontrer sur un même chemin, les voilà tous les deux faisant un grand détour, chacun de leur côté, afin de ne pas se voir !...

Quelques Abyssins prétendent que les femmes n'ont pas d'âme et qu'elles ne peuvent ni mériter ni démériter. Dans les réunions, elles mangent toujours à part ; on les sert comme des enfants, quand les hommes ont fini de manger.

Un paroissien nous disait un jour : « Il faut que nous battions nos femmes trois fois par semaine pour qu'elles soient sages et n'aillent pas au diable. »

Pour faire comprendre ce qu'est le cœur de la femme abyssine, ils ont donné son nom « cœur de femme », à une petite herbe fluette et tendre que la plus petite pluie fait germer et que le premier rayon de soleil fane ! Il paraît que ces dames n'ont pas volé cette réputation ! Nous y reviendrons plus loin, au chapitre des Proverbes.

CHAPITRE IV

Vertus et qualités. Etes-vous donc fatigués ? Une page du martyrologe abyssin.

Les Abyssins sont foncièrement et naturellement religieux. Il n'y a pas d'athées parmi eux ! Même les plus pervers savent et croient qu'il y a un Dieu qui les jugera ! La sainte Vierge est honorée par eux (extérieurement j'entends), comme dans aucun pays du monde ! Ils restent des heures entières à l'église, le front dans la poussière, immobiles comme des blocs de marbre. Ceux qui demeurent loin de l'église et n'y viennent que rarement, font trois grandes prosternations avant d'arriver à la porte, baisent cette porte avec piété, et restent le plus souvent, le front courbé sans oser même lever les yeux. Sans doute, il y a un fond de peur en une dévotion semblable ; mais on aime à le constater. De même, ils sont intimement convaincus que, s'ils venaient voler l'église, un ange les tuerait sur place !

On est surpris de la foi naïve, fortement incrustée dans leur cœur. Mais tout cela n'est qu'extérieur. Pour l'immense multitude des schismatiques, toute la dévotion consiste à venir le dimanche baiser le mur extérieur de l'église. De plus, leur foi est un mélange de judaïsme, de paganisme, d'islamisme, de superstitions et d'Evangile. Depuis soixante-dix ans que nos Irobs sont catholiques, la plupart restent encore schismatiques dans le fond. Il faudra des siècles pour que la sève de l'Evangile vienne revivifier ces mœurs abâtardies.

***

Chez eux, le culte des morts est on ne peut plus vivace. On pleure un défunt, le jour de sa mort, trois jours après, huit jours, trente jours et un an après ! On ne peut se dispenser de faire en son honneur un repas monstre auquel parents et amis sont convoqués, cérémonie qui, dans l'idée des schismatiques, doit retirer de l'enfer l'âme qui y serait tombée.

Ils connaissent par cœur leur généalogie, et beaucoup savent remonter plusieurs siècles, et vous dire les noms de leurs ascendants, même ceux des branches collatérales.

Nos Irobs habitent un des plus affreux pays qui

soient au monde. Ils y vivent malheureux, toujours pauvres. La famine, chez eux, est périodique. Il n'y a pas d'herbages, pas de récoltes dans ces arides montagnes de roches schisteuses. Pourtant personne ne pourra les décider à quitter ce pays pour s'installer en un autre plus fertile, et l'unique raison qu'ils donnent de ce refus, c'est qu'ils ne veulent pas abandonner les os de leurs pères qui sommeillent autour de l'église.

Ils sont toujours hospitaliers. Ils ne disent pas comme le poète :

> Respire, ô voyageur qu'a fatigué la route
> Le poème des fleurs qu'exhalent les jardins ;
> Laisse-toi caresser par l'amitié des choses
> Et pour te reposer fais halte sous mon toit.
>
> . . . .
>
> J'irai puiser pour toi l'eau fraîche à la fontaine.
> Nous nous partagerons l'ombre des noisetiers...

L'invitation est, certes, moins poétique. Le voyageur salue, entre et s'installe comme chez lui. De fortes amendes punissent ceux qui manqueraient aux devoirs de l'hospitalité ; et il faut reconnaître que, d'habitude, l'étranger est bien reçu, même par les plus pauvres. On voit même certains riches se désoler, le soir, quand aucun voyageur n'est venu se reposer chez eux !

***

Les Abyssins ont un culte pour la loi de la *vendetta*. Le sang ne leur fait pas peur ; on dirait presque qu'ils l'aiment. Je vous ai cité, autrefois, la chanson qui sert d'« Au clair de la lune » aux enfants : « Viens, ô vautour, il n'y aura jamais assez de cadavres pour toi ! » Cela promet, n'est-ce pas?

Il y a, dans un village des environs, un enfant de huit ans, qui a déjà tué un garçon de son âge, en s'amusant à lui casser le crâne avec une pierre et qui vient de faire subir la même opération à une petite fille, qui, heureusement, n'en mourra pas ! C'est là, sans doute, un cas exceptionnel ; mais le climat, les mœurs, les habitudes, leur vie sauvage, les perpétuels dangers qui les menacent ont fort émoussé chez eux les délicatesses de la sensibilité.

N'importe quel garçon, dès l'âge de onze ans, est passé maître dans l'art d'égorger un mouton ou une chèvre ; mais, par contre, aucun Abyssin ne fera de mal à ses puces, poux et punaises ; est-ce que c'est là un adversaire indigne de leur bravoure? Peut-être.

Nous avons réussi à civiliser un peu nos sauvages Irobs, dont le nom seul, autrefois, portait partout la terreur. Depuis soixante-dix ans que le catholicisme travaille ces rudes âmes, elles ont perdu un peu de leur férocité première, et, chose curieuse, les Irobs sont les seuls à s'en plaindre :

« Autrefois, me disait l'un d'entre eux, on avait peur de nous. Les étrangers qui s'aventuraient dans nos montagnes n'en sortaient pas vivants ! Aujourd'hui, à cause de notre foi, nous avons dégénéré ; on nous frappe et nous ne disons rien ; on nous mange et nous ne disons rien. De hyènes, nous sommes devenus agneaux ! On nous traite comme des enfants, de qui l'on n'a pas peur ! »

Une peine très commune consiste à couper un pied ou une main aux coupables. Ménélick lui-même, après la défaite d'Adoua, fit couper un pied et une main à plusieurs milliers de prisonniers indigènes. Je ne parle pas des fouets en cuir d'hippopotame, ou en queue de girafe ; ils sont d'un usage journalier. Mais je m'arrête ; peut-être consacrerai-je un chapitre particulier à ces matières de justice et de châtiments. J'arrive à la *vendetta*.

La vengeance, ou « le sang », comme on dit ici, est un devoir qui va de père en fils et s'étend à tous les parents mâles, à quelque degré qu'ils se trouvent de la victime. Le mort doit être vengé ! Que ce soit un mois ou trente ans après, peu importe ! Que l'on tue l'assassin ou l'un de ses parents, peu importe.

Il faut effacer le sang par le sang, ce qui fait qu'il n'y a guère d'hommes qui puissent dire : « Moi, je ne crains rien ! » Aussi ont-ils toujours une arme en main. La nuit, leur fusil est près d'eux, et, si vous les réveillez, leur premier geste est de bondir sur leur arme. Malheur à vous s'ils ne sont qu'à demi réveillés ! On tue son ennemi n'importe où, même quand il vient, confiant, vous demander l'hospitalité pour la nuit ; on lui écrase la tête avec la pierre qui lui sert d'oreiller ; mais le plus souvent, une balle partie du creux d'un rocher s'en vient consommer l'œuvre de la haine.

A moins que l'on ne se rachète au moyen d'une forte somme. Ici, pour un coup de casse-tête, c'est 55 thalers ; chez les Gallas, le prix du sang va de 70 à 100 vaches !

Le P. Martial cite le cas suivant qui montre combien cette idée de venger un mort est incrustée dans les mœurs :

Un homme veuf se remaria avec une femme déjà mère d'une fille de 12 ans. Trois ans plus tard, cet homme écrasa la tête de sa femme avec une pierre. Il fut condamné par les juges à subir la peine du talion de la main même de la jeune fille. Les parents s'interposèrent ; ils supplièrent cette enfant de 15 ans de pardonner ; ils offrirent pour prix du sang 300 thalers (somme énorme). Elle refusa, et, le lendemain, en face d'une foule qui applaudissait, elle écrasa la tête de son beau-père !

Il faut que l'homme choisi pour but de sa vengeance soit digne d'être tué, c'est-à-dire bien portant. Le cas s'est présenté où l'homme égorgé pour venger un mort n'avait qu'un bras. Les mânes du défunt ne furent pas satisfaites : il fallut en tuer un autre.

***

Les Gallas sont encore plus farouches sur ce point. Un jeune homme ne peut se marier avant d'avoir tué au moins un homme ! Il attend sa fiancée jusqu'à ce qu'il ait pu lui apporter ce sanglant cadeau de noces !

Nous avons parmi nos chefs un général fameux pour sa bravoure. A la guerre c'est un lion en furie ; il nous disait récemment : « Voici douze ans que je n'ai tué personne ; si vous saviez comme je suis triste et comme je m'ennuie ! »

Un autre, nous présentant un de ses soldats, nous disait :

« Celui-ci est mon favori, il a déjà tué quatorze guerriers ! »

Dans le peuple, il est reconnu que, plus on tue de personnes, plus on est grand homme ! Aux dîners de mariages, les meurtriers sont l'objet de prévenances spéciales et d'honneurs particuliers ; on leur verse l'hydromel dans des verres quatre fois plus grands que ceux des autres, et quand ils boivent, ils se lèvent, font claquer leur langue, en ayant l'air de dire : « Regardez-moi ! » Quand on tue une vache, on leur donne le meilleur morceau ; pour les zébus, c'est leur bosse dorsale, morceau qui, paraît-il, est affreusement dur.

En certains districts, les morts sont enterrés au pied d'un arbre aux branches duquel on suspend autant de baguettes que le mort a tué d'individus ! Pour le voyageur qui passe sous ces arbres, le spectacle est un peu troublant !

Ajoutons qu'on ne tue ni les moines, ni les prêtres, ni les religieuses, ni les enfants, ni les femmes, ni les vieillards. Il n'y aurait aucune bravoure à tuer des gens qui ne peuvent se défendre ! Or, les Abyssins sont foncièrement braves. Comme je l'ai raconté plus haut, on en voit qui vont attaquer le lion avec une lance !

La guerre est une fête pour eux. Ils crient, hurlent, bondissent, escaladent des rochers abrupts comme des murs. Mais, impossible de leur demander de s'assujettir à une discipline quelconque : chaque petit chef conduit ses hommes où bon lui semble, et chacun se bat là où il veut. Leur endurance est extraordinaire : ils peuvent, s'il le faut, rester six jours sans manger, se contentant d'une gorgée d'eau prise en passant dans le torrent, marchant jour et nuit, ne se reposant que lorsque la guerre est finie.

Si l'on demandait à l'enfant abyssin ce qu'il veut, il répondrait crânement lui aussi, sans les savoir, ces vers du poète :

« Je veux de la poudre et des balles ! »

Le plus bel ornement pour un homme, c'est son fusil et sa cartouchière. Quand cette dernière est pleine, ils l'étalent orgueilleusement sur leur poitrine, ils font voir à tout le monde « les yeux de leurs cartouches ». Les chefs, en temps de guerre, les révoltés dans les montagnes, portent jusqu'à quatre cartouchières et ne s'en séparent pas, même quand ils se couchent la nuit.

Les Gallas, ces farouches enfants de Mgr Massaïa, ont une réputation de bravoure et de férocité qu'ils n'ont pas volée. Ils sont surtout les écumeurs des champs de bataille. Ils s'y jettent comme des vautours. Leur principale occupation, alors, est de « mutiler » les blessés et les morts ! Ils emportent leur lugubre butin, le suspendent à leurs lances, à leurs boucliers, et aussi à la porte de leurs maisons.

« Brillants cavaliers, dit le P. Martial, ils n'ont ni selle, ni bride. Une ficelle attachée à la mâchoire

Un coin de Gondar.

inférieure de leur monture leur suffit pour la conduire. Lancés à toute vitesse, ils savent ramasser des javelots à terre, la jambe accrochée à l'épine dorsale du cheval, et la main perdue dans la crinière flottante. D'un bond ils se relèvent, lancent leur trait, et quand ils n'ont plus rien à lancer, ils attrapent au vol les javelines qu'on leur destine et les renvoient à leurs adversaires ! »

Une armée en marche offre un spectacle curieux et triste, un spectacle de désordre et d'indiscipline extraordinaires. Figurez-vous une foule bigarrée, d'hommes, de femmes, d'enfants, d'esclaves, de mulets et de chevaux, qui, marchant pêle-mêle, se heurtent, se poussent, se bousculent, se disputent. C'est une fantasmagorie. Vienne une gorge, chacun veut passer le premier ; on se pousse, on s'étouffe. Il faut une journée entière pour défiler là où un corps discipliné n'emploierait que quelques heures.

Ajoutons que, malgré leur bravoure, ils ne sauraient tenir longtemps en campagne : pas de service de ravitaillement et, surtout, très peu de cartouches !

Leurs sabres recourbés, terribles faucilles entre leurs mains ; leurs lances qui ont jusqu'à 2 m. 25 de long ; leurs boucliers en cuirs d'hippopotame artistement gaufrés de dessins concentriques, et parfois recouverts d'or, sont des armes qui deviennent inutiles devant fusils, canons et mitrailleuses. On trouve ici des fusils de tout âge, de tout pays, de tout calibre... mais les balles leur manquent ! Les fusils Gras dominent ; mais le prix de la cartouche (0 fr. 40) fait que bien peu peuvent l'utiliser. On a vu, dernièrement, un homme aller à la guerre avec un fusil... sans cartouches : « Posté derrière un rocher, me dit-il, je visais, je faisais semblant de tirer, de recharger et j'épaulais toujours ! »

Avant la bataille, chacun s'excite ; les braves parmi les braves se redressent et exaltent leurs propres exploits.

Voici quelques spécimens de ces hymnes de guerre :

« Chantez, chantez, vautours, vous aurez en pâture des milliers de cadavres ! Chantez, vautours, chantez !

« Allez, mes enfants, mes pourvoyeurs de chacals et d'hyènes ; allez, courage, mes soldats, mes dompteurs d'hommes. Arrière les lâches ! Retirez-vous, les peureux ! Allez avec les femmes et les marmitons ; n'empêchez pas le banquet des vautours ! »

« Oh ! oh ! s'écrie un autre, ne croyez pas que j'aie peur ! J'ai vu plus de batailles qu'il n'y a d'étoiles au ciel ; j'ai tué beaucoup d'hommes ; j'ai reçu bien des blessures. Jamais l'ennemi n'a vu la couleur de mon dos. Jamais je n'ai fui, jamais je n'ai eu peur ! Je ne suis pas comme les autres ! Qui donc est brave comme moi ? — Venez, ennemis, accourez, hyènes que vous êtes ! Venez cinquante devant, cinquante derrière, cinquante à gauche, cinquante à droite, venez, je vous renverserai tous ! Me voici, moi ! Vous êtes perdus ! Avec mon fusil Gras, je vous engraisserai du plomb de mes cartouches ! Je suis le boucleur de tentes, je bats le tambour des ennemis. Satan est mon oreiller, le diable est mon confesseur ! »

Et ceux qui l'entourent doivent par politesse approuver tout ce qu'il dit !

A certaines réunions, les guerriers renommés se lèvent et, au milieu de l'attention générale, ils célèbrent leurs exploits :

« C'est moi, le brave ! A la guerre j'emporte tout comme un torrent. Mon fusil parle toujours, mon fusil ne se tait jamais. J'ai tué l'éléphant qui grinçait des dents ; j'ai tué le lion ; j'ai traversé cinq compagnies d'ennemis ; j'ai tué quatre hommes d'un coup de sabre ! »

Si parfois certains sourires moqueurs lui font voir que tout le monde n'est pas absolument persuadé de sa valeur personnelle, il continue :

« J'ai tué le lion, l'éléphant, le léopard et le serpent ! Ah ! il y en a qui se moquent de moi ! Moi, j'ai tué le galla, le musulman ! Eux ? ils n'ont même pas tué une marmotte ! »

Tout le monde, convaincu alors, de s'écrier :

« Tu as raison ! Oui, tu es brave, la Vierge en est témoin ! — Oui, c'est sûr, moi je t'ai vu à la guerre... Personne n'est aussi brave que toi. »

Cet emphase n'empêche pas que les Abyssins soient vraiment terribles à la guerre.

Il y a deux mois, à l'occasion d'une révolte d'un chef du Tigré, le *dedjaz* Abraha, un combat eut lieu non loin du lac Archangué ; la lutte ne dura que trois heures ; il y eut, sur 10.000 combattants, plus de 6.000 morts et 750 blessés !

Voici par curiosité les « mots de passe » des deux partis.

Le chef révolté :

« — De qui es-tu ? — Du « père de la pluie ! » — Que dit « le père de la pluie » ? — Il dit : « Je ne laisserai pas l'étranger prendre la terre de mes pères. »

Quant à l'autre chef, le Ras-Sebeath, qui venait au nom du Roi : « De qui es-tu ? — Du père « Je ne crains rien ». — Que dit le père « Je ne crains rien » ? — Il dit : « Pille, taille, coupe, tue. »

J'arrête ici les grandes lignes du portrait que j'ai essayé de tracer. On pourrait ajouter encore bien des détails ; mais de cet amas confus et embroussaillé que je viens d'accumuler, peut-être réussirez-vous à vous former une idée de ce type abyssin si curieux.

Si vous voulez de plus amples renseignements, venez les prendre sur place.

Je pourrais retracer les luttes et les victoires des généreux confesseurs, qui, de tout temps, ont illustré cette pauvre Eglise d'Abyssinie. On pourrait trouver non loin d'ici les ossements de milliers de martyrs qui moururent de faim dans des cavernes, plutôt que de renier leur foi.

Prenons un exemple relativement récent, celui donné par un moine abyssin, Abba Ghébré Mikaël, vers le milieu du siècle dernier.

Converti par Mgr de Jacobis, en 1842, il fut fait prisonnier par l'évêque schismatique. Il passa plus de six mois dans d'horribles prisons. Un jour, Théodoros, le revolver au poing, ayant imposé sa croyance à son peuple, toutes les têtes s'étaient courbées, tous les cœurs tremblaient. Un seul homme osa se lever et lui résister en face ! Cet homme était Abba Ghébré Mikaël. Il fut renversé à terre, frappé à coups de pied sur tout le corps, puis rejeté en prison et l'horrible *ghènd* (cangue abyssine) s'en vint meurtrir ses jambes.

Quatre autres confesseurs de la foi languissaient avec lui.

Dans un interrogatoire public, on leur dit un jour :

« — Renoncez au papisme et vous serez libres !

« — Si ce n'est pas assez de nos jambes serrées dans cet étau, répondirent-ils, prenez aussi nos têtes, nous voulons tout sacrifier à notre foi. »

Alors, on redoubla de cruauté ; leurs jambes étaient démesurément enflées, et la vermine rendait le séjour du cachot insupportable. Bientôt les forces d'Abba Ghébré Mikaël s'épuisèrent ; son grand âge, ses infirmités, les longs jeûnes qu'on lui faisait subir (on le laissait parfois quatre jours sans manger), tout cela finit par le plonger dans une espèce d'anéantissement. Un jour, il tomba sur le sol qui était en pente ; sa tête passa par un trou de cloison avec la partie supérieure de son corps, et ses jambes restèrent suspendues, immobilisées par la cangue. Il demeura en cette cruelle position deux jours et deux nuits sans qu'on vînt le délivrer.

Par suite de diverses circonstances, il fut, au bout d'un an, tiré de prison et obligé de suivre, les chaînes aux pieds, les armées de l'empereur.

Un jour, Théodoros le fit venir dans une grande assemblée publique :

« — Vieil obstiné, lui dit-il, tu crains que ta soumission ne te frustre de l'or des Romains. Rassure-toi ! accepte ma croyance, et je te comblerai d'honneurs et de richesses.

« — Je ne veux ni de votre foi, ni de votre argent !

« — Pourquoi ne veux-tu pas de ma croyance?

« — Parce que je possède maintenant la seule foi salutaire !

« — Ne sais-tu donc pas que je puis te faire mourir?

« — Prononcez donc sur-le-champ votre sentence !

« — Oh ! non ! ricana l'Empereur, tu parais chercher ta propre mort !

« — Non ! je ne suis pas un Judas, pour attenter à ma vie ! »

L'Empereur s'adressant alors à l'assemblée :

« — Vous tous, ici présents, hurla-t-il, vouez-moi au mépris, déclarez-moi homme de rien si, d'ici huit jours, je n'ai pas fait dire : Oui, à ce vieil impudent. »

Et le confesseur de la foi retourna en prison.

Le 14 mars 1855, Théodoros le fit comparaître devant une foule énorme de soldats et de paysans ; puis, il le somma d'adhérer à sa croyance.

« — Sire, jamais ! répondit le vieillard.

De violents soufflets le renversèrent à terre. On le dépouilla de ses habits, et quatre bourreaux reçurent l'ordre de le frapper avec des queues de girafe dont les longs crins ressemblent à du fil de fer.

Pendant ce temps le martyr disait :

« Je crois la foi de la sainte Église catholique,

apostolique et romaine. O mon Dieu, aidez-moi de votre force et recevez-moi dans votre grande miséricorde. »

« — Tirez-le de droite et de gauche, criait le persécuteur, frappez-le sur les yeux. Frappez-le jusqu'à ce qu'il meure. »

A la fin, les bourreaux s'arrêtèrent. Le patient, que l'on croyait près d'expirer, se retourna à ce moment, et leur jeta cette apostrophe :

« — Etes-vous donc fatigués ?

« — N'a-t-il pas dit : « Etes-vous donc fatigués ? » cria le roi, d'une voix qui jeta la terreur dans toute l'assistance ; et il ordonna aux bourreaux de s'acharner contre le patient avec un redoublement de férocité.

Quand les bourreaux, las de frapper, s'arrêtèrent de nouveau, le vieillard se leva et marcha, sans appui ; il ne portait sur le visage aucune trace des tourments qu'il venait de souffrir, ses yeux étaient brillants et le lendemain il était guéri !

Mais il devait bientôt recevoir l'éternelle récompense. Condamné de nouveau à suivre, toujours chargé de chaînes, les troupes de Théodoros partant pour les pays Gallas, il succomba aux fatigues, à la faim, à la dysenterie et fut enterré par les soldats, qui le vénéraient comme un saint. Il avait 64 ans. On ne lui enleva ses chaînes qu'après sa mort. Ce vénérable martyr fut béatifié en octobre 1926.

CHAPITRE V

En voyage.

Et maintenant, pour nous divertir, allons en voyage. Vous me suivrez par la pensée ; ce sera moins fatigant. Voyager ! c'est notre métier à nous, chemineaux de l'Evangile. Aller par monts et par vaux, c'est la vraie vie apostolique, avec ses sauvages douceurs et sa rude poésie. Des dangers, de la brousse, du pittoresque, du gai, du charmant, du terrible, du soleil, de la pluie, du vent, de la fatigue. La joie au cœur surtout, car il en faut dans notre vie ; quand il n'y en a pas, on en met. On pleure d'un œil, on rit de l'autre.

***

Une remarque seulement : il ne faut parler ici ni de chemins de fer, ni d'automobiles, ni de voitures, ni même de brouettes. A pied ou à mulet, pas d'autre choix. Quelquefois même, on est réduit à voyager sur... le bas du dos, quand la pente est glissante ; on n'en arrive que plus vite !

Les cantonniers ne sont pas encore inventés ici. Les routes sont restées à l'état de projet ; un ruban de sentier, de trente centimètres de large, vous indique l'endroit où tout le monde passe et où vous devez passer sous peine de vous heurter à des obstacles infranchissables ; souvent ce sentier, fatigué de se cramponner au flanc de la montagne, descend dans le ravin pour se perdre dans le lit du torrent desséché.

La route, là, est plus facile à voir ; mais que de « sauts d'obstacles », préparés par dame nature ! Dans cet amas de roches tombées des montagnes, ou roulées par le torrent, il faut faire de la gymnastique, de l'équilibre, et souvent mettre ses souliers sur ses épaules !

Le matin, quand on part, l'air est frais ; mais on ne tarde pas à n'avoir que du feu à respirer, surtout dans ces ravins où la chaleur condensée ne peut trouver d'issue ! Les cas d'insolation sont alors fort à craindre et le médecin est loin ! On aimerait

Errer dans les forêts ténébreuses et douces
Où le silence dort sur le velours des mousses ;

mais ce sont là des souvenirs !... L'ombre est rare, les

forêts n'existent pas dans nos arides montagnes ; on n'a pour reposer sa vue que des rochers brûlés par le soleil !

Pas de buffet sur la route ; pas même une petite auberge. Si vos provisions sont épuisées, vous attendrez le moment où le guide découvrira un peu d'eau dans un creux de rocher, au fond du ravin ! Et ce n'est même pas l'eau « non potable » qu'on trouve dans les gares ! Cette eau a toutes les couleurs ; le noir domine, les habitants pullulent, le goût est parfois renversant ! Je ne parle pas des microbes ; on ferme les yeux pour ne pas les voir, et on serre les dents pour ne pas les laisser passer ! Je ne vous invite pas à manger avec mon guide et moi. Un chapitre particulier vous mettra plus loin au courant des procédés culinaires du pays.

En marchant dans ces ravins, on peut avoir bien des émotions, rencontrer des paroissiens pas intéressants du tout et parfois être surpris par le torrent.

Nous n'avons pas ici de ces heureuses petites rivières, coulant leur onde claire et paresseuse entre deux rives fleuries, à l'ombre des grands arbres. Nos rivières sont des torrents, le plus souvent à sec et qui servent de route. Nos domestiques nous précèdent, et les difficultés inhérentes à leur vie sauvage ne les troublent pas ; ils écartent avec leur bâton les serpents qu'ils rencontrent sur la route.

Leur nourriture est assurée grâce à nous ; bien mieux, ils pourraient facilement s'en passer.

Leur grande *nétséla* leur sert un peu de tout. Cet

Un pont de lianes sur un fleuve.

habit, vaste manteau de toile blanche, est comme la caractéristique du pays. Il y a une grande diversité dans la manière de le porter : ou bien on s'en voile, ou bien on le laisse flotter majestueusement. Tente pour le voyageur, plastron du soldat, robe du prêtre, manteau le jour, couverture la nuit ! C'est le vêtement le plus difficile à porter qui soit au monde.

« L'Européen, dit le P. Martial, réussit rarement à le bien ajuster. Son ampleur, la liberté de ses draperies que le vent gonfle ou qui adhèrent au corps ; la souplesse de ses larges plis qui tantôt encapuchonnent la tête, dessinent la taille, ondoient en retombant des épaules jusqu'à terre, tantôt entourent les reins pour la course ou le combat, emmaillottent les bras en guise de bouclier, tantôt s'étendent en couverture sur un ou deux dormeurs, en rendent l'usage difficile. Les diverses façons de le porter expriment la douleur, la joie, le deuil, la soumission, l'autorité, l'égalité, le respect, etc. »

C'est, en effet, une chose curieuse, de voir les Abyssins si souvent changer de mode pour cet habit universel, et nous aurions bien de la peine à les imiter ; quand ils se drapent ainsi pour dormir, ils donnent l'illusion d'une statue renversée.

Avec un guide sûr, connaissant bien le pays, vous pourrez aller partout sans peur, il vous tirera de tous les mauvais pas, vous épargnera cette foule de maladresses qu'on ne peut guère éviter avec nos mœurs à nous dans un pays pareil. Le jour, il vous conduit ; la nuit, il veille ; ce qui fait que, malgré tout, pour ceux qui ont l'humeur voyageuse, cette existence-là est parfois charmante.

Notre vie n'est pas exempte de dangers ; mais les joies ne nous manquent pas non plus. Et quand on n'en peut plus, on s'assied sur un rocher, on regarde le ciel, et on dit : « Mon Dieu, c'est pour vous ! » Cela réconforte, et l'on entend parfois, au dedans du cœur, une voix douce qui répond : « Courage ! mon enfant, la route est dure ; mais elle est courte, et le ciel est au bout. »

CHAPITRE VI

Les langues et la littérature.

Mes paroissiens descendent en ligne directe ou, si vous aimez mieux, en ligne collatérale de la tour de Babel.

Je me rappelle l'ébahissement d'un brave paysan qui était fort étonné de m'entendre dire qu'il fallait apprendre des langues nouvelles, croyant que le monde entier parlait le français.

Ici, en Abyssinie, le nombre des langues s'élève, paraît-il, à plus de quarante ; dans le seul bassin inférieur du Nil, Antoine d'Abbadie en a relevé vingt-huit, qu'il signale comme langues constituées, indépendamment des dialectes. Mais on ne compte que quatre langues principales dans l'Abyssinie proprement dite : le *tigrigna*, l'*amarigna*, le *ghez*, le *galla*. De plus, nous avons chez nous le *chao*, langue particulière des Choos, famille à laquelle appartiennent nos Irobs.

Nous voilà donc en présence de plusieurs langues à apprendre ; le *tigrigna* par laquelle nous commençons ; le *chao*, si on veut se faire « Irob » soi-même ;

l'*aparigna* pour la correspondance avec les chefs, enfin le *ghez* qui est la langue liturgique !

On a du pain sur la planche et pour longtemps. Ce qui nous peine, c'est que, malgré toute notre bonne volonté, nous n'arriverons jamais à posséder parfaitement ces langues ; notre prononciation sera toujours défectueuse, et, même quand nous parlons le plus correctement, ceux qui ne sont pas habitués à nous entendre, se tournent vers leurs voisins en demandant tout haut : « Qu'est-ce qu'il a dit ? » Ce qui est loin de nous faire plaisir !

Ah ! que la Tour de Babel nous a causé de mal ! Et comme je comprends maintenant la parole du Père Lacordaire : « Ce qui est pour les missionnaires la plus dure des souffrances, celle à laquelle ils ont le plus de peine à s'habituer, c'est de ne pouvoir arriver jamais à parler la langue de leurs ouailles comme celle de leur pays ! »

Encore s'il n'y en avait qu'une !... Je n'ose pas dire que ce sont de « mauvaises langues » ; mais que j'envie aux apôtres le « don » qu'ils avaient reçu !

Ces langues sont d'une pauvreté extrême pour les choses spirituelles et métaphysiques ; par contre, pour tout ce qui est matériel, elles sont d'une richesse extraordinaire. Les verbes surtout abondent. Hélas ! non seulement ils pullulent ; mais la plupart sont irréguliers ! En plus de l'actif, du neutre et du passif, ils ont : le causatif, le réflexif, le réciproque, l'intensif, l'itératif, le réflexif de l'intensif, le réciproque de l'itératif et enfin, le causatif de l'intensif !... Ouf !

Sous cette rude écorce, pourtant, on est heureux de trouver des expressions pittoresques. En voici des exemples :

L'arc-en-ciel c'est la ceinture de Marie,
La source c'est l'œil de l'eau,
L'aimant c'est le négus du fer,
L'aqueduc c'est le cheval de l'eau,
La sève c'est le sang de l'arbre,
Le tabernacle c'est la sainte caisse,
L'oraison jaculatoire c'est la flèche de pierre,
Le battant de la cloche c'est le fils de la cloche,
La pupille c'est la fille de l'œil,
La paupière c'est le tambour de l'œil,
Le geste c'est la pensée de la main,
L'écho c'est la fille de la caverne,
Le porte-plume c'est le père de la plume,
L'azur c'est l'encre du ciel,
L'horloger c'est le médecin de la montre,
Le mollet c'est le ventre du pied, etc.

Ces exemples vous montrent ce qu'il y a d'imagination curieuse dans ces rudes idiomes, et aussi le caractère de ceux qui les parlent.

Une autre particularité de ces langues, c'est l'harmonie imitative qu'on y trouve à chaque pas. Le rossignol, c'est « l'oiseau qui fait *tchiou-tchiou* » ; voler, c'est « faire *frrr, frrr* » ; tomber goutte à goutte, c'est « faire *toub, toub* » ; éternuer, c'est « faire *enticho* » ; cracher, c'est « faire *tout, touf* » ; souffler, c'est « faire *ouf-ouf* » ; chuchoter, c'est « faire *enchouk-chouk* » ; avoir le hoquet, c'est « faire *hik-hik* » ; parler vite : faire *tseg-tseg* » ; aspirer le tabac, c'est « faire *fif-fif* » ; quand le cœur bat, « il fait *tok-tok* » ; quand on se mouche, « on fait *epfit* », etc., etc., Cela suffit, n'est-ce pas?

***

L'alphabet compte trente-trois lettres, dont chacune sert à former sept caractères différents, correspondant aux sons voyelles, soit en tout deux cent trente et un caractères.

Contrairement aux autres langues orientales, l'*éthiopien* s'écrit de gauche à droite et de haut en bas, comme le français. La ponctuation se compose d'une dizaine de signes, servant à distinguer entre eux les mots, les phrases et les chapitres. Toutes ces langues ont une origine à la fois sémite, phénicienne, syrienne, araméenne, chaldéenne, mède et arabe.

Ce qui les rend pour nous plus difficiles, c'est qu'elles sont pleines de gutturales râclées, devant lesquelles vous restez impuissants. C'est une cruelle souffrance de ne pouvoir pas se faire comprendre quand on est en face d'une âme qui demande de la lumière. Quand nous prêchons, c'est pour notre pauvre esprit une gymnastique tellement compliquée, qu'on se demande parfois si l'on ne ferait pas mieux de se taire. Que de choses on voudrait dire, qu'on sent, qui affluent dans le cerveau ! Mais l'infranchissable barricade de la phrase, des mots impossibles à traduire, vous arrête et brise votre élan.

Je pourrais encore vous parler des curiosités de la langue « chao », parlée depuis nos montagnes jusqu'à la mer Rouge. Elle n'est pas parlée, elle est chantée ; elle a une poésie particulière et des accents inimitables qui semblent vous bercer.

Des langues, passons à la littérature. Il nous est bien difficile d'en donner un aperçu complet. Les documents nous manquent. On les trouve dans les bibliothèques nationales de Paris, de Londres et de Berlin. Si nous pouvions pénétrer dans les couvents abyssins, nous trouverions de grandes richesses, qui, sans doute, demanderaient une étude longue et difficile, une connaissance approfondie des langues, des traditions et des coutumes ; mais à l'aide de nos prêtres indigènes on réussirait à traduire tous ces monuments. Il est vrai que le travail a déjà été fortement entamé par de savants linguistes européens, en particulier par MM. Guidi et Dillmann ; mais on ne peut encore, ce me semble, même avec leurs traductions, porter des jugements définitifs sur cette langue si curieuse et sur ses diverses productions.

Je ne veux même pas essayer d'entamer ce sujet ; ce serait imprudent de ma part. Je me contenterai de mettre sous vos yeux diverses traductions de chants, fables, poésies funèbres, qui pourront vous distraire et vous donner un aperçu de l'âme de ce peuple.

I. — Chants pour Mariage.

Quand les amis de l'époux partent pour chercher la fiancée, ils chantent :

« — O aigles, ô vautours, bénissez-nous !

« — Vautours, nous allons nous battre ; venez au-dessus de nous !

« — Venez, venez, vautours ; vous n'êtes jamais rassasiés de chair humaine. »

Quand on arrive au pays de la fille :

« — Oh ! oh ! oh ! jeunes gens, n'ayez pas peur !

« — Oh ! oh ! oh ! jeunes filles, ornez-vous !

« — Entrons et dormons en paix ; nous n'avons pas envie de dormir aujourd'hui. »

Quand le soir est arrivé :

« Gens qui ne nous avez pas encore vus, regardez-nous, car la nuit vient et vous ne nous verrez plus ! »

Quand la fiancée revient chez son père :

« — O vautours, laissez-la passer ; est-ce que vous voulez la battre ? Non, elle est trop belle !

« — O vautours, laissez-la passer ; est-ce que vous voulez la giffler ? Non, elle est trop bonne ! »

Et s'adressant au jeune marié :

« — Oh ! que je voudrais bien avoir ta belle-mère. Elle sait si bien faire les gâteaux avec du lait, avec du beurre. Oh ! que tu es heureux, et que je voudrais avoir ta belle-mère ! »

Puis, les filles du pays s'en mêlent et, s'adressant au jeune marié :

« — Saute, saute, avec ta lance ; tu la tiens si bien que tu vas en casser le manche ; saute, saute avec ta lance.

« — Tu es joli comme un couvercle de marmite rempli d'eau !...

« — Il veut sauter, mais il a peur. Il veut sauter, mais il ne sait pas !

« — Tu es joli ! tu es joli ! Tes cheveux ressemblent aux nuages.

« — Saute, saute avec ta lance ! »

II. — Chants pour les Fêtes.

Je ne parle pas des chants d'Eglise, mais des chants populaires que chaque fête ramène.

Pour la fête de la croix (septembre) :

« Fleurs, fleurs ; ô jeunes filles, soyez des fleurs. La fleur se promène ; elle sourit et nous dit : « Viens. » Jeunes filles, vous êtes les filles de la croix ! »

Pour l'Ascension, qui tombe ordinairement au moment où fleurit un petit arbuste appelé *achenda*, c'est à lui que s'en va le chant de cette fête :

« *Achenda*, *achenda*, enfant de la plaine ; est-ce que vous êtes *achenda* ? Est-ce que je suis une fille ? *Achenda*, vous êtes entre nos champs pour en marquer la frontière. *Achenda*, vous êtes comme la barbe de nos moutons. »

Pour le jour du baptême de Notre-Seigneur, voulant faire allusion sans doute au Saint-Esprit, qui descendit sous la forme d'une colombe :

« Venez, colombes ! Venez, colombes ! Les colombes, les colombes sont descendues du ciel ! »

Il n'est pas jusqu'au Vendredi-Saint qui n'ait aussi son chant ; mais celui-là est plus liturgique ! Ce jour-là, le peuple passe la journée à l'église à faire des prosternations en hurlant : *Kyrie, eleïson !*

et cela plus ou moins en cadence. Les gens se laissent tous tomber comme une planche, et se relèvent pour retomber encore. Les vieillards, qui n'ont plus assez de force pour cette gymnastique fatigante, se roulent comme des tonneaux d'un mur à l'autre de l'église. Chez les schismastiques, les jeunes filles attachent une grande corde à un arbre et s'y balancent, en chantant, elles aussi : *Kyrie, eleïson !*

III. — Pendant les diners.

Aux repas de mariage et à ceux que l'on fait en souvenir des défunts, quand les têtes sont bien échauffées par la bière et l'hydromel, et que le ventre gonflé refuse absolument d'emmagasiner davantage, on se met à chanter.

Notons en passant l'énorme quantité de viande qu'un Abyssin peut absorber. Un de nos vieux moines, ancien général, nous a parlé d'un certain chef nommé Bélaton Gallo, qui pouvait dans un seul repas manger une cuisse de vache tout entière et boire trente litres d'hydromel ! C'est à ne pas le croire ; mais le témoin est absolument digne de foi !

Donc quand les mâchoires ont cessé de travailler, les plus intelligents se mettent à rimailler, et sur un air quelconque ils chantent leur improvisation.

En voici quelques échantillons :

« C'est moi, Hagos Baska ! Mes pieds sont minces comme les pieds des gazelles ; ma poitrine est grosse comme celle d'un lion.

« Je suis le soldat de « Celui qui casse tout ». « Celui qui casse tout » (surnom d'un chef) est mon maître. Moi, je suis son esclave. Tirez un coup de fusil près de moi, pour que j'aie chaud ; c'est moi Hagos Baska ! »

Ce n'est pas précisément très humble ; mais l'humilité est une vertu inconnue par ici ; elle serait traitée de folie !

« Nos enfants, s'écrie un père de famille, ne pensent plus qu'à devenir savants. Ils se plongent dans les paperasses, au lieu de manier les nobles armes du guerrier. Ils ont des porte-plume en guise de lances. Ils ne pensent plus à être chefs. Donnez-leur des livres et des plumes !

« Les fils de chefs ont renoncé aux batailles. Nos fusils dorment ; nous avons dégarni nos cartouchières et nos habits de combat sont cachés dans des peaux de bêtes. Nous sommes devenus comme des femmes !

« Les perdrix chantent toujours ; elles disent : *kik-kik-ta.* Quand mes enfants ont faim, ils disent aussi *kik-kik-ta.* Donnez-moi un fusil pour tuer des perdrix et nourrir mes enfants !

« Nous chantons, ô Irobs, nous chantons, nous

chantons ! Votre hydromel, nous l'avons vidé dans notre ventre ! Vous avez dit : « Ce sont des enfants ! » et vous n'avez rien gardé pour nous ! Mais nous chantons, ô Irobs, nous chantons ! »

IV. — Fables abyssines.

Jugement du Lion.

Deux léopards avaient tué ensemble une gazelle. Quand il s'agit de la manger, ils se disputèrent et allèrent trouver le lion pour qu'il les mît d'accord.

Le lion ouvrant la bouche, leur dit :

« — Apportez-moi cette viande ! »

Quand il en eut goûté, il leur dit :

« — Pour que cette viande ne soit plus pour vous un sujet de dispute, il vaut mieux qu'elle reste chez moi ! »

Et il les congédia !

Compassion du renard.

Un renard voulait pénétrer dans un poulailler ; mais il n'y réussit pas et s'en retourna. Son frère, le voyant rentrer chez lui, lui demanda :

« — Avez-vous trouvé un bon souper ?

« — Oh ! fit-il, la pauvre poule criait tellement, que mon cœur fut ému et je suis revenu sans l'avoir mangée. »

Malice du Renard.

Un jour, cherchant de la viande, un renard rencontra un épervier qui mangeait une poule sur un arbre.

« — Eh ! mon frère, lui dit-il, vous n'avez pas honte de manger de la viande? Vous ne savez donc pas que c'est vendredi aujourd'hui? »

L'épervier, tout ému, laissa tomber le morceau. Aussitôt le renard le happa et le dévora en disant :

« — Peut-être me suis-je trompé ; je crois que c'est jeudi ! »

Orgueil du Loup.

Un renard et un loup chassaient ensemble. Une pintade s'approcha d'eux et le loup la saisit. Mais le renard lui dit :

« — Une si vile créature ne convient pas à votre grandeur ; laissez-la-moi ! »

Le loup, flatté, consentit à lâcher le volatile.

Plus loin, ils trouvèrent un lièvre. Le renard dit au loup :

« — Vous savez que c'est un animal impur, une nourriture d'esclave. N'abaissez pas à ce point votre dignité ! »

Et le loup y consentit.

Un peu plus loin, le renard cria au loup :

« — Vous avez jeûné aujourd'hui, frère loup ; c'est un remède pour votre orgueil ! »

Charité du Renard.

Un jour, un renard trouva sur son chemin une poule qui avait les jambes cassées.

« — Est-ce que vous souffrez beaucoup? lui demanda-t-il.

« — Oh ! oui, » dit-elle.

Ce serait un grand acte de charité de mettre un terme à sa souffrance, pensa le renard... et il dévora la poule.

V. — Poésies funebres.

Les lecteurs des *Missions Catholiques* en ont déjà trouvé quelques-unes dans mes précédentes communications ; mais comme, depuis, ma collection s'est augmentée, je n'ai qu'à feuilleter mes notes pour en trouver de nouvelles :

Pour Aïto Adahanom.

Comment t'appelles-tu, toi qui faisais tant le fier?
Quelle affaire t'a donc emmené si loin?
Je pleure ta main et ton fusil.
A ton cou tu portais un collier d'or ;
Tu étais fort comme un lion.
Tu donnais des cartouches en présent à tes ennemis;

Rien qu'à te voir, ils fuyaient éperdus.
Maintenant je pleure, car ta bravoure est morte !
Oh! que notre monde est trompeur !
On te regrette, mais tu ne reviendras pas.
Mais voici une nouvelle génération qui pousse ;
Gens injustes qui ne connaissent que leur ventre.
Leur ami? C'est leur ventre !
Leur frère? C'est leur ventre !
Leur épouse ! C'est leur ventre !
Ils se disent juges pour voler plus facilement.
On leur donne un bouc, ils le mangent.
On leur donne une vache, ils la mangent.
Ils ne savent qu'opprimer les pauvres.
A la guerre ils fuient comme des femmes :
Pour moi, j'en ai trop dit, je m'en vais !
Pour vous, consolez-vous si vous voulez !

Pour un Prêtre.

Malheur à saint Michel de notre pays !
Nous avions un prêtre doux comme un parfum ;
Il avait toujours la croix à la main.
Il amenait beaucoup d'âmes au Christ.
Qui donc était savant comme lui?
O Abba Oldé-Mikaël, pourquoi es-tu mort?
Même avec de l'argent te trouverons-nous un suc-
[cesseur?

O Michel Archange, pourquoi as-tu pris notre [prêtre?
Nous ne sommes pas plus savants que toi !
Est-ce que tu veux que nous abandonnions ton [église?
Si tu veux qu'on la ferme, nous t'aiderons à la [fermer !

Pour une femme qui s'est suicidée.

Comment vas-tu, belle-mère de notre chef?
Est-ce que tu n'avais plus de toile pour t'habiller?
Plus d'argent pour acheter du grain?
Plus de farine pour faire du pain?
Plus de troupeaux pour te donner du lait?
Tu t'es cachée pour aller te pendre !
Mange maintenant les vers de ton tombeau !
Mange la terre qui t'habille maintenant !

Pour un grand chasseur.

Est-ce que Ras Sebeath a appris ta mort?
Oui, il l'a apprise et il a fait jeûner tout le monde !
Est-ce que perdrix et pintades savent que tu es mort?
Oui, elles le savent et dansent de joie.
Les antilopes et les gazelles savent-elles la nouvelle?
Oui, et elles dansent !
Est-ce que les lions ont appris la nouvelle?
Oui, et ils disent : « Il est mort celui qui nous tuait. »

Les chefs appellent un docteur pour chanter tes [exploits.
Est-ce que Dieu peut créer un homme comme toi ?
Tu avais le cœur simple et blanc.
Le mien est plein de paille (de douleur).

***

Ces oraisons funèbres ne sont pas sans doute à comparer avec celles de Bossuet ; mais avouez qu'elles ont au moins un cachet d'originalité, qui n'est pas sans charmes.

Les livres que l'on trouve d'ordinaire dans les bibliothèques d'Abyssinie sont surtout : la Bible divisée en 81 livres ; les œuvres de saint Cyrille d'Alexandrie, de saint Jean Chrysostome ; l'*Haïmanot Abéouo*, composé indigeste de textes et de lettres de toutes sortes de Pères de l'Eglise et d'hérésiarques. Les Abyssins ne croient, en fait de texte, qu'à ce qui est contenu dans ce livre ; ils vous accuseront d'avoir créé de toutes pièces les textes non écrits dans leur patrologie ! En principe, ils refusent de croire à tout ce qui est contenu dans nos livres.

Ici tout le monde, chefs, docteurs, grand hommes, même les femmes, ont le Psautier de David qu'il récitent une fois par semaine. En outre, ils ont le *Livre des moines*, les *Canons*, le *Comput ecclé-*

siastiques, quelques éléments de *Grammaire Ghez* et de *Dictionnaire.*

***

Ceux que l'on appelle *Deftéras* ou docteurs, que Théodoros appelait irrévérencieusement « bouffons qui dansent », reçoivent une culture plus soignée. Durant sept ans ils apprennent le chant ghez, durant neuf ans la grammaire, durant quatre ans la poésie, durant dix ans la Bible !... Après cela, si l'élève en est susceptible, on lui fait avaler quelques notions de Droit civil, de Droit canon, d'histoire et d'astronomie.

Les élèves vivent des aumônes qu'ils vont demander « au nom de Marie ». N'ayant pas de livres, ils doivent tout apprendre de mémoire ! Quand leurs études sont terminées, ils sont déclarés Docteurs !

Ce qui domine alors surtout en eux, c'est la vanité, et les convertir est aussi difficile que de convertir le diable.

Parmi les livres abyssins, il en est un, le *Féta-Néghest*, qui contient tout le droit civil du pays. Ecrit par un musulman pour les Coptes d'Egypte, il fut traduit en ghez, et fit son apparition en Abyssinie vers le XVIe siècle. C'est ici « la Loi et les Prophètes ». On a recours à lui en dernière instance.

Du jugement du Roi, on peut en appeler au *Féta-Néghest*, et les savants que l'on vient consulter sur une question en litige l'ouvrent magistralement, lisent le passage demandé et ne reçoivent jamais moins de dix thalers.

Les Abyssins font sur leurs livres, surtout sur les Évangiles, des signes curieux. Dans la marge, on voit un trône grossier, ou un bâton pastoral, ou un chasse-mouches (ce dernier signe en face des passages didactiques). Quand il y a dans le texte des reproches ou des malédictions, ils dessinent un pied de chameau !... En face des prophéties est écrite une lettre, abréviation du nom d'un oiseau qui chante la nuit, alors que tout le monde dort et que par conséquent personne n'écoute : image des prophètes qui parlaient dans le désert.

Voici, pour clore ce chapitre, la finale d'une traduction en ghez de la *Chronique* de Jean, évêque de Nikiou, écrite en grec en 694 et traduite en 1524 par un savant abyssin :

« La transcription de cet ouvrage a été commencée le 28e jour du mois de juin, et terminée le 22e jour de septembre, un lundi, à la 6e heure du jour ; le soleil étant dans le signe du scorpion, la lune dans le signe du verseau, le soleil étant dans le 195e degré de sa course, et son zénith de 87 degrés 13 minutes sous la mansion Alghafr ; en l'an du monde 7594, l'an 1947 d'Alexandre, 1524 de l'incarnation de Notre-Seigneur ; 1318 des martyrs ; en l'an de l'Hégire 980, selon le comput lunaire ; 4 ans, 7 mois et 8 jours après l'avènement de Mélak Séghèd II, qui, au baptême, a reçu le nom de Jacob ; 8 ans, 3 mois et 5 jours depuis le règne de la reine Mélèk Moghessa qui aime Dieu.

Nous avons traduit cet ouvrage avec le plus grand soin, de l'arabe en ghez, moi, le pauvre, le plus vil parmi les hommes, le plus misérable du peuple, moi et le diacre Gabriel l'Egyptien.

Loué soit Celui qui nous a donné la force de le commencer et de le terminer, en toute éternité. *Amen ! Amen !* »

Ne croirait-on pas vraiment qu'il annonce un grand événement, comme la naissance de Jésus-Christ ! Cet amas de dates, cette érudition qu'il affiche, ne s'allient guère avec les formules d'humilité qui suivent ! Voilà le vrai Abyssin, il trahit lui-même son incommensurable vanité.

CHAPITRE VII

Gerbe d'histoires.

Il y avait une fois un petit enfant abyssin. Elevé chez des religieuses européennes, il s'était peu à peu civilisé, et, conclusion logique de la civilisation, il dut en subir les inconvénients sous toutes les formes !

On avait résolu de l'habiller à l'européenne ! Cela vous paraît tout naturel, à vous ! Mais figurez-vous ce diablotin, dont tout le trousseau consistait jusque-là en une petite toile qui se promenait sur son corps, tantôt devant, tantôt derrière, quelquefois en écharpe, en cache-nez, en foulard, en chapeau, quelquefois sous ses pieds !

Figurez-vous-le donc en face d'un complet tout neuf !... Il essaya d'abord le veston ! Mais il étouffait, sanglé dans ses coutures. Quand vint le tour du pantalon, ce fut tragique ! Il l'essaya pourtant, car on lui faisait de gros yeux ; mais, à la fin, ayant dépensé le ban et l'arrière-ban de sa bonne volonté, il l'arracha, en s'écriant au milieu d'un déluge de larmes :

« Plutôt mourir que mettre un pantalon comme ça ! »

***

Un jour, un missionnaire avait donné un *thaler* (2 fr. 50) à un homme qui s'en alla joyeux, le cachant précieusement dans un repli de sa ceinture.

Le lendemain, le même homme revint près du même missionnaire, et entre eux s'engagea le dialogue suivant :

« — Que veux-tu ?

« — De l'argent !

« — Mais, hier, je t'ai donné un thaler !

« — C'est vrai !

« — Et tu oses revenir aujourd'hui ?

« — Ne te fâches pas, Père ; voilà ce que j'ai pensé : Je n'ai rien à faire aujourd'hui ! Allons voir le Père et lui demander de l'argent. De deux choses l'une, ou il m'en donnera ou il ne m'en donnera pas ! S'il m'en donne, tant mieux ; si je ne reçois rien, je n'ai rien perdu. Voilà ! »

Que répondre à cela ?

***

Madame Abezgou est une bonne petite vieille ratatinée, à la peau parcheminée, à la démarche indécise, aux dents absentes... une vieille lampe qui achève de brûler.

Jeune enfant abyssin du Tigré.

Elle est venue se confesser, et le missionnaire, assis sur une pierre, près de l'église, essayait de déchiffrer les péchés dans l'avalanche d'histoires qu'elle lui servait avec une volubilité désespérante ! A la fin, brusquement :

« — C'est demain la fête du Baptême de Notre-Seigneur ?

« — Oui !

« — Voulez-vous me permettre d'être baptisée demain ?

« — Baptisée ?

« — Oui !

« — Voilà quarante ans que vous vous confessez et vous n'êtes pas encore baptisée ?

« — Si, Père, j'ai été baptisée autrefois ! Mais... il y a si longtemps ! »

***

La vie conjugale ici, comme dans toute l'Afrique, est la source de toutes les difficultés. Pour un mariage que l'on raccommode, il y en a deux qui se détraquent ! Ce serait à décourager le diable ! La lune de miel n'arrive parfois même pas à son premier quartier. On a vu des parents donner leur fille à la condition imposée devant témoins que son mari ne la tuerait pas ! Ce qui fait qu'on entend rarement par ici le duo de Roméo et de Juliette.

C'est bien comme dit le proverbe chinois : « Le mariage est une forteresse assiégée : ceux qui sont dehors veulent y entrer et ceux qui sont dedans voudraient en sortir. »

Je reçus un jour la visite d'un homme, bancal, le bâton à la main, le pied en l'air, un œil en accent circonflexe, l'autre en point d'interrogation, la bouche en point d'orgue, laid, chauve, et pas content du tout :

« — Eh bien ! mon brave, lui dis-je, va-t-on bientôt réconcilier ta fille avec son mari ?

« — Ah ! ça, jamais !

« — Pourquoi ?

« — Je ne veux pas qu'il la tue !

« — Je sais bien que c'est une brute, mais...

« — Il n'y a pas de mais ! La preuve que je ne veux pas qu'elle retourne avec lui, la voici. »

Et, ce disant, il se mit à dérouler les méandres de sa ceinture, et, en sortant un morceau d'os, il me le montra :

« — Vous voyez ?

« — Oui, je vois un os.

« — C'est un os de sa tête !

« — De qui ?

« — De ma fille ! C'est lui qui l'a cassé ! Et vous croyez que je la laisserai retourner avec lui ? »

Malgré tout, les époux furent réconciliés, la paix dura trois mois ; après quoi, tout fut à recommencer.

***

Quand j'étais jeune, on m'avait appris une belle chanson dans laquelle on voyait un petit enfant allant « emprunter vingt sous au Bon Dieu ». J'ai eu, moi aussi, ici, l'histoire de mes vingt sous ; mais elle est moins touchante.

Un jour, pendant la famine, je reçus la visite d'un homme qui s'appelait Oldé-Yoannès (fils de saint Jean) et à qui Dieu a oublié de donner un grain d'intelligence.

Il entra, déposa son casse-tête, me baisa la main et commença la litanie des salutations d'usage. Après quoi, remontant au déluge, il me fit l'histoire bien connue des misères que la famine engendre et, comme preuve à conviction, il me montrait sa poitrine décharnée où les côtés émergeaient d'une façon inquiétante, surplombant un grand creux.

« — Père, j'ai faim ! Ma femme et mes enfants n'ont rien mangé depuis cinq jours. Donne-moi de l'argent.

« — Je n'en ai plus guère !

« — Ce sera toujours assez pour moi ! »

Ouvrant alors une petite boîte cachée dans un trou du mur, j'en tirai ce qui me restait, une pièce de vingt sous.

« — Je n'en veux pas !

« — Pourquoi ?

« — C'est trop peu ! je suis un grand homme, il me faut au moins un *thaler.*

« — Mais je n'ai plus que cela.

« — Ce n'est pas vrai !

« — Alors je suis un menteur ?

« — Non !... mais !...

« — Les veux-tu ? »

Et comme il hésitait, je mis la pièce dans ma poche et, sans plus faire attention à lui, je continuai à écrire. Il resta sans rien dire, examinant ma cabane du haut en bas.

Une heure après :

« — Père, donne-moi les vingt sous.

« — Non ! »

Et le silence se rétablit.

Un peu après, se mettant à genoux :

« — Père, donne-moi les vingt sous.

« — Non !

« — Dix sous.

« — Non !

« — Huit sous.

« — Non !

« — Quatre sous.

« — Non !

« — Un sou.

« — Non ! »

Nouveau silence.

A la fin, mon homme, pour m'émouvoir et me demander pardon, hissa sur son dos une malle qui lui servait de siège et, à genoux, la caisse sur son dos :

« — Père, donne-moi vingt sous !

« — Non !

« — Dix sous.

« — Non ! »

A chacune de ses demandes, mon : non ! retombait comme une douche glacée sur l'espoir auquel il s'accrochait quand même.

Croyant que la malle ne suffisait pas, il y ajouta une paire de souliers, une peau de bouc qui me sert de matelas... enfin tout ce qui lui tombait sous la main ! Mais, aux mêmes demandes, toujours même réponse.

Je dus, moi-même, à la fin, le décharger, remettre chaque chose à sa place, et lui à la porte... Il s'en alla furieux, en me lançant un regard terrible. J'avais été dur ! Mais avec des enfants pareils, il le faut bien quelquefois !

***

Ona Oldé-Géorghis est le grand chef de la tribu des Irobs-Boknaïto ! C'est une position sociale comme une autre et dont il est très fier. Grand gaillard, déjà vieux, fortement musclé, rude face osseuse et carrée, où brillent deux yeux malins comme deux sarments au fond d'un four.

Il ne peut plus compter ses enfants, tellement il en a semé sur sa route. Pourtant, il reconnaît en avoir au moins treize de morts et quinze de vivants. Sur ses vieux jours, il lui prend des accès de dévotion et l'autre jour, étant venu me saluer :

« — Père, donnez-moi quelque chose pour mettre à mon cou ; vous voyez, je ressemble à un musulman.

« — Veux-tu une croix ?

« — Oui.

Un *mâteb* ? (cordonnet de soie bleu qui distingue ici les chrétiens des musulmans).

« — Oui, même deux (il les revendra).

« — Une *Marie-Vierge* ? (médaille miraculeuse).

« — Oui, mais une grande, car je suis un grand homme.

« — Le remède du serpent ? (médaille de saint Benoît).

« — Oui, j'ai beaucoup de serpents dans ma cabane.

« — C'est tout ?

« — Non ! Je voudrais un revolver, un couteau, une ombrelle, un chapeau, des thalers, et...

« — Suffit ! suffit !... Pas aujourd'hui.

« — Mais si... une chose encore que j'oubliais ; vous savez, ce qu'on met au cou... qu'on appelle... vous savez... ? qui ressemble à la toile... le...le...le...la « couverture de la Sainte Vierge ! »

Et je lui donnai le « scapulaire », car c'est cela qu'il demandait.

***

Encore une histoire de mariage.

Madame était fort irritée contre Monsieur. Les amis s'étaient interposés pour essayer de les réconcilier, mais en vain ! La chose arriva à mon tribunal (de dernière instance). Il fallut pendant plusieurs heures entendre les plaignants, les témoins, les plaintes, les complaintes.

Et savez-vous le grand grief que la femme avait contre son mari ? Il faut vous dire que, pendant les deux ou trois premières années qui suivent le mariage, la politesse exige que le mari donne la becquée à sa femme, c'est-à-dire trempe un morceau de pain dans la sauce noire qui sert de premier, deuxième et troisième plat, même de dessert, et l'enfourne dans la bouche de sa légitime épouse.

« Or, disait la plaignante, mon mari ne m'aime pas. Quand il y a un étranger chez nous, il me fait manger ; mais, quand nous ne sommes que tous deux, il me dit : « Si tu veux manger, mange toute « seule. »

C'était grave ! Enfin, la réconciliation eut lieu après trois heures de pourparlers.

***

Nos paroissiens sont d'une ignorance *crassa et supina*, malgré tous nos efforts pour les instruire.

Quand on les prend tout jeunes, les enseignements, ordinairement, entrent et restent ; mais, à partir d'un certain âge, tout est fermé.

Ils vous disent, quand on les interroge :

« — Père, tu me demandes cela, à moi ! Mais toi, tu le sais bien mieux que moi ! »

Une femme, venant pour se confesser, arriva en retard. Le prêtre s'habillait pour la sainte messe. Sans se troubler, elle s'adresse à une religieuse indigène :

« — Ma Sœur, tu vois, le prêtre ne peut plus venir ; mais toi, veux-tu me confesser ? »

Et, sur le refus de la Sœur, elle s'en alla toute scandalisée.

***

Un vieux bonhomme, âgé de plus de soixante ans, avait fait choix d'une épouse, mais n'avait jamais fait régulariser son union par l'autorité ecclésiastique. Voyant la mort approcher, il voulut arranger ses affaires.

Au jour fixé pour la cérémonie, il arrive à l'église, mais tout seul.

« — Que viens-tu faire?

« — Me marier.

« — Sans ta femme?

« — Elle garde les vaches. Marie-moi aujourd'hui ; elle viendra demain, à son tour ; moi, je garderai les vaches et tu la marieras. »

* * *

Encore une histoire :

Deux bons vieux, qui vivaient nuit et jour dans le désert avec leurs bêtes, ayant été bourrés de doctrine pendant trois ou quatre mois, avaient fini par comprendre à peu près ce qu'il faut savoir.

Un prêtre indigène alla les trouver.

Après les avoir baptisés sous condition, il entama le chapitre de la confession ; son petit sermon fini, il leur dit :

« — Maintenant, je vais vous confesser ! »

Aussitôt tous les deux protestent qu'ils n'en ont pas besoin !

« — Voyons, dit le prêtre à l'homme, tu n'as jamais fait de péchés?

« — Jamais !

« — Tu as fait des prières de temps en temps?

« — Oui, je dis : « Dieu, ayez pitié de moi ! »

« — C'est tout?

« — Oui, c'est tout ce que je sais !

« — Tu n'as pourtant jamais entendu la messe?

« — Mais je ne peux pas : il faut que je garde mes vaches !

« — Tu n'as jamais volé?

« — Jamais ! Quand j'ai ce qu'il me faut, ça va bien ! Quand je ne l'ai pas, je m'en passe !

« — Tu n'as jamais mangé de la viande le vendredi?

« — Je ne sais jamais quand c'est vendredi ; je mange ce que je trouve !

« — Tu n'as jamais fait de vilaines actions?

« — Jamais ! Je n'aime pas ça !

« — Tu n'as jamais menti?

« — Ce n'est pas mon habitude !

« — Tu ne t'es jamais disputé avec ta femme?

« — Je l'ai battue quelquefois ; mais c'était nécessaire.

« — Alors, tu ne vois rien, rien à te reprocher?

« — Rien ! excepté que je mange du tabac ; mais dans votre religion ce n'est pas un péché ! »

Il fut impossible de le convaincre du moindre péché véniel !... Heureux homme ! On ne pouvait pourtant pas lui en faire commettre exprès ! Le prêtre, tout étourdi d'un cas de conscience pareil, s'en revint sans marier ses « clients ». Mais, le lendemain, je le leur renvoyai, en lui disant de les marier quand même; les anges n'ont-ils pas chanté: « Paix sur la terre aux hommes de bonne volonté »?

CHAPITRE VIII

Proverbes abyssins.

M. A. Junod écrit dans *les Ba-Ronga :*

« Il s'est fondé un peu partout des Sociétés littéraires qui recueillent avec un soin jaloux les traditions d'autrefois dans les villages reculés et les vallées des montagnes, où l'homme a gardé quelque chose des temps anciens. Il est facile de comprendre que les peuples non civilisés fournissent à la jeune science du *folklore* des matériaux beaucoup plus nombreux et intéressants. L'Afrique, qui a vécu jusqu'ici de sa propre vie et que le contact avec les Européens a fort peu modifiée encore, tend à devenir la terre classique de cette littérature traditionnelle. Dans n'importe quelle tribu, pour peu qu'on sache la langue des indigènes et qu'on se donne la peine de les faire causer, on récoltera une moisson abondante de contes, de proverbes, d'explications fantaisistes des phénomènes de la nature.

« Lorsque nous les entendons, il semble qu'il nous arrive un écho des temps très anciens où l'humanité commençait à bégayer. Nos pères ont dû passer par un stage semblable dans leur évolution, et c'est pourquoi ces traditions nous intéressent et nous émeuvent. »

***

Ces proverbes offrent bien des avantages. Ils photographient le peuple sur le vif. C'est un instantané littéraire, qui vous fait entrer, fouiller, creuser dans l'âme des gens, qui vous livre leurs impressions, leurs idées, leurs sentiments. Ils nous révèlent tout un monde. Je ne parle pas du point de vue linguistique qui vous intéresse moins ; mais c'est un fait qu'on y trouve une mine féconde de mots anciens.

Parmi les sept cents proverbes que j'ai ramassés, il y a une foule de mots que je voyais pour la première fois, et ce n'a pas été une petite affaire que d'arriver, avec l'aide des indigènes, à en bien déterminer le sens. Mais ce travail n'aura pas été inutile puisqu'il me permet d'ajouter un chapitre à mes *Croquis Noirs.*

***

Les Abyssins, comme tous les peuples, ont leurs proverbes. Leur langue en pullule, en déborde, en est émaillée. Le plus illettré en connaît autant que le lettré. Cela se transmet de père en fils, bouquets de pensées et de sentiments, répandus dans la foule et toujours conservés. L'extrême concision de ces phrases énigmatiques, souvent rimées, parfois lapidaires, concentrant en elles une quantité de pensées, d'observations, de rapprochements, les rend souvent obscures. Aussi je ne prétends pas en avoir toujours bien saisi toutes les nuances. Pourtant, avec le peu que j'ai pu récolter, nous pourrons, pour ne pas tomber dans une sèche et froide nomenclature, faire un petit travail divisé en plusieurs séries qui nous permettront de les mieux présenter.

PROVERBES RELIGIEUX

L'Abyssin, comme je l'ai dit plus haut, est essentiellement religieux. Il a une « religiosité » naturelle et qu'il ne cache pas. On serait mal vu à lui parler « d'éteindre les étoiles ». Il aurait vite fait de répondre :

Il n'est personne que Dieu ne puisse attraper, de même qu'il n'est personne qui ne soit jamais mouillé par la pluie !

On croirait lire quelques passages de Salomon (leur ancêtre, disent-ils). Ecoutez encore :

Dieu se trouve partout, comme l'orge se trouve par toute la terre.

L'homme pense, Dieu exécute.

C'est un peu notre « l'homme propose et Dieu dispose ! » Et ce Dieu suprême est tout-puissant.

Si Dieu le veut, il fait parler même les muets.

La mort et la vie viennent de Dieu.

***

Pourtant, ils se font une idée bien incomplète de ce que Dieu attend de nous :

Si la mère léchait bien son enfant, et si chacun payait ses dettes, Dieu serait content !

Avouez que c'est peu !

Payer ses dettes, ici, où tout le monde en a !

« Moi, me disait une espèce de brigand, je ne suis pas voleur ; j'emprunte, je ne rends jamais, c'est vrai, mais je ne vole pas ! »

Quant à la mère, si son enfant n'est pas beau, il l'accusera plus tard de ne l'avoir pas assez léché. Pauvres femmes, elles n'ont pourtant pas que cela à faire !

***

Passons à un autre proverbe :

On ne sait ni par où sort la fumée, ni comment l'enfant se développe. Comment pourrait-on comprendre les mystères du bon Dieu ?

Vous me direz que la fumée sort par la cheminée ! Mais, je vous répondrai que, dans les cabanes d'Abyssinie, ce qui sert de fenêtres, de cheminée et de porte, c'est un trou qui mesure en moyenne 80 centimètres de haut. Vous pensez bien que toute la fumée du feu qui se fait au milieu de la cabane, sort d'un peu partout. Dans ces conditions, allez donc voir où passe la fumée !

***

En ce pays, le jeûne est toute la religion ! Pourtant, dans leurs sentences, les Abyssins savent réduire et remettre au point l'importance d'un précepte qu'ils observent avec une rigueur un peu trop pharisaïque :

Mieux vaut obéir à Dieu que de jeûner tout le carême.

La vérité vaut mieux que le jeûne.

Voilà qui est clair.

Un autre point religieux auquel les Abyssins tiennent beaucoup, c'est la récitation du Psautier de David. Tous les grands hommes, les nobles dames, les prêtres et les moines récitent ou sont censés réciter le Psautier partagé en sept parties, une pour chacun des jours de la semaine. Beaucoup s'imaginent que cet acte de piété donne la permission de méconnaître les plus délicates prescriptions du Décalogue. Un proverbe pourtant remet les choses au point :

Mieux vaut un cœur loyal que la récitation de cent cinquante psaumes.

Ici, les cœurs loyaux sont rares !

Citons encore quelques aphorismes qui sont d'une justesse bien catholique, et que ne renierait pas Salomon :

La prière avec l'amour ; la foi avec les œuvres.

Ne dis pas : Seigneur, Seigneur ; mais fais ce que Dieu veut !

La vérité, c'est la sainteté ! Dieu aime la vérité, comme le veau aime le lait.

Comme terme de comparaison, on aurait pu choisir mieux !

A côté de cela quelques phrases bien philosophiques à l'adresse de ceux qui, se trouvant bien sur la terre, ne pensent pas à l'autre vie :

On voyage, on voyage et l'on finit par revenir chez soi !

On vit, on vit et l'on finit par retourner à la terre !

La mort est au milieu de nous. Faites pénitence et prenez garde.

On croirait entendre saint Jean-Baptiste dans le désert !

***

Un mot à l'adresse de ceux qui oublient les morts :

Celui qui vit, croit qu'il ne mourra pas ;

Celui qui est mort, ne croit même pas qu'il a vécu.

Et comme écho au *Statutum est* de saint Paul :

La mort, comme l'hiver, arrive toujours.

Dans ce tableau ne pouvait manquer d'intervenir la figure grimaçante de l'esprit du mal :

Une bonne parole casse les os du diable !

Ne donne aucun pouvoir au diable !

Que c'est beau en théorie !

Mais... passons à d'autres diables, à ceux qui s'intitulent : « Ennemis de Dieu. » Voici quelque chose à leur adresse :

L'ennemi du roi aura la chaîne ; l'ennemi de Dieu aura le cercueil.

Il fallait bien aussi quelques superstitions :

Celui qui n'a pas d'orge et celui qui a un forgeron pour voisin sont perdus tous les deux.

Le forgeron est considéré comme un mauvais génie. En tout cas, c'est un personnage dont le nom seul fait peur aux enfants, petits et grands.

Enfin, un dernier mot, faisant allusion à une croyance populaire bien naïve :

S'il y a un roi, il y a le Choa.

S'il y a des pierres, il y a du pain.

Le roi habite le Choa ; la première partie se comprend ; pour la seconde partie, voici l'explication. Toutes les mères, ici, racontent à leurs enfants qu'autrefois, dans les temps les plus reculés, toutes les pierres étaient du pain ; mais qu'un jour, le bon Dieu irrité contre les hommes changea ces pains en pierres.

2° PROVERBES MORAUX

Maintenant nous allons voir défiler les vices et les vertus.

Attaquons d'abord l'orgueil, c'est le père et le grand-père.

Si tu veux te vanter, parle à un tronc d'arbre.

C'est ce que conseillaient les Pères du désert à leurs disciples.

Celui qui dit : « Je ne me trompe jamais », se trompe en le disant.

Quand l'eau veut s'agiter, elle devient sale.

Voici une copie de la parole d'un philosophe français : « l'épi mûr baisse la tête ; l'épi vide la relève » :

Une courge pleine de pois ne rend aucun son. Une courge vide est très sonore.

La vanité sotte pousse à insulter les autres ; mais là encore l'orgueilleux trouve sa punition :

Qaund on crache en l'air, étant couché sur le dos, le crachat vous retombe dans la bouche !

C'est-à-dire que l'on est toujours éclaboussé par l'injure avec laquelle on veut salir les autres.

***

Voici maintenant le pauvre avare avec sa mine creuse, ses yeux brillants, ses doigts crochus :

L'avare, c'est une mare stagnante ; l'homme généreux, c'est le torrent qui coule.

N'allez pas lui demander quelque chose :

Ne demande pas de l'ombre au kolkoual.

Le kolkoual est une espèce de candélabre naturel dont les branches clairsemées laissent passer le soleil.

C'est encore du mauvais riche que parle le proverbe suivant :

Quand il voit un pauvre, l'œil lui fait mal !

C'est-à-dire qu'il ferme les yeux pour ne pas voir.

***

Quant au pauvre, il n'est pas très bien traité non plus :

Au pauvre les haillons ; au riche l'or.

Le chiffon du riche n'est pas à toi, laisse-le ; n'y touche pas, tu le déchirerais.

Il ne lui reste que ses yeux pour pleurer, mais :

Si son œil pleure, il a ses mains pour l'essuyer !

Qui donc s'intéressera à lui? Personne ! Il n'y a rien à gagner en sa compagnie :

On ne s'approche pas du pauvre ; on ne rabote pas une herbe !

Un mot en passant à ceux qui font « un Dieu de leur ventre » :

Celui qui prend conseil de son ventre ne sera pas enterré dans le pays de son père.

C'est-à-dire que, sous l'impulsion de ses désirs toujours inassouvis, le gourmand sera un enfant prodigue, mais un prodigue qui ne reviendra plus à la maison de son père...

Je pourrais continuer la série et passer en revue tous les vices ; mais je serais trop long !

3° LA FAMILLE

Ici tout le monde y passe : l'enfant, l'homme, la femme, le vieillard, le beau-frère, le frère, et même la belle-mère :

Et tout d'abord apitoyons-nous sur le sort de l'orphelin !

L'orphelin a les cheveux longs.

Personne n'est là pour le raser.

L'enfant doit être traité avec bonté :

Aux mouches ne montrez pas une plaie ; aux enfants ne montrez pas les dents.

Et si l'enfant a perdu sa mère, il ne tardera pas à s'en apercevoir :

La mort d'une mère et un siège de pierre font mal avec le temps.

Voici maintenant le jeune homme, tout fier, qui s'avance en riant sur la route de la vie... On l'avertit de prendre garde aux illusions, qui, comme un phare électrique, illuminent un bout de la route, en laissant l'autre dans l'ombre :

Le jeune homme voit d'abord le ciel, le ciel ; ensuite, il voit la terre, la terre.

***

Le père doit penser à ses enfants :

En mangeant pense à tes enfants ; en te parant pense à ta femme.

Il doit les conseiller, et tant pis pour eux s'ils ne l'écoutent pas :

Conseille-le bien ; s'il ne suit pas tes conseils, l'épreuve le conseillera.

Profite, enfant, de ce que tu as encore ton père, que deviendrais-tu sans lui ?

Pendant que tu as ton père, orne-toi ; pendant qu'il fait soleil, marche !

Mais surtout, respecte-le, car :

Celui qui discute devant son père, sa bouche devient lépreuse.

On ne maudit pas son père, on ne laboure pas le ciel !

Dans la famille, c'est l'union qui fait la force :

En s'aidant entre eux, les fils du filet retiennent même le lion.

Saluons en passant le vieillard :

L'enfant a un anneau à l'oreille.

Le vieillard a ses cheveux blancs.

4° LA FEMME

Je ne sais plus quel satirique français disait : « La femme s'habille, babille et se déshabille ». Toilette, bavardage et médisance !... Je n'admets pas du tout cette définition ; mais la femme abyssine est encore bien plus durement malmenée. D'abord un mot de mépris à ceux qui n'ont été élevés que par des femmes :

Un fils de veuve sait marcher, mais il ne sait trancher aucune affaire.

L'homme, le père, n'a pas été là pour imprimer une forte éducation.

***

Ce qu'on demande à la femme, ici, c'est le travail (moudre le grain) et des enfants. On ne voit pas en elle une « compagne », mais un instrument.

Celui qui t'a pris peut te renvoyer ; mais je plains ceux qui t'ont donné le jour.

Il faut donc qu'elle travaille. C'est, en effet, une constatation à faire : ici, un homme sans femme ne peut pas subsister ; pas de boulanger, pas d'auberges, il lui faut un moulin à deux bras.

Le blé, sans la femme, ne sert de rien.

La femme est faite pour le travail, comme la sandale pour le matin.

En effet, quand a-t-on besoin de se préserver du froid, sinon le matin, surtout quand la gelée a blanchi la terre ; de même, si une femme ne travaille pas, à quoi servirait-elle ?

Voyons maintenant dans le détail ce que l'on reproche à ces « dames » :

Là où il y a plusieurs femmes, la cuisine brûle.

La jaserie est aussi habituelle aux femmes que la frayeur aux mulets.

Et dans le ménage, que d'accrocs, que de sujets de reproches !

Elle sort en disant : je vais travailler, et elle va se faire peigner.

Opération qui, comme je l'ai dit plus haut, dure une demi-journée !

Elle dit : « J'ai oublié de mettre du sel », quand on a fini de manger.

En faisant de la nourriture pour un, elle met du sel pour huit.

Tantôt trop, tantôt pas assez.

Elle s'étrangle en mangeant et s'étouffe en buvant !

Elle casse le plat et le remet en place comme s'il n'était pas cassé !

De son côté, elle ne se fait guère illusion sur le compte de son mari :

Il me frappe comme s'il me haïssait.

Il m'embrasse comme s'il m'aimait.

Enfin, comme bouquet, ce coup de massue, après lequel on ne peut plus que tirer l'échelle :

Ton véritable ami, c'est ta vache ;

Ton véritable ennemi, c'est ta femme !

***

En Abyssinie, comme en bien d'autres pays, les « belles-mères » jouissent d'une réputation déplorable :

La belle-mère qui se mêle de tout, recevra le tiers des coups de bâton réservés à la femme.

Enfin, un conseil très énergique à leur sujet :

La belle-mère ! Battez-la... Mais si elle ne veut pas se taire, pendez-la !

5° LE ROI

Voici le représentant de la force, de l'autorité. Comment les proverbes populaires vont-ils le traiter? Lui lanceront-ils les mêmes épigrammes qu'aux femmes? Non ; ils ne l'oseraient. L'Abyssin a trop l'instinct de l'obéissance aveugle vis-à-vis de l'autorité forte et armée ! On le compare d'abord au vautour, oiseau qui inspire, comme nous le verrons plus loin, une vénération superstitieuse :

Le roi est le gardien du peuple ;

Le vautour est le gardien de la viande !

Si le roi meurt, qui nous jugera ?

Si tu vois le roi, demande la justice ; si tu vois la pluie, sème !

Si tu as commis quelque injustice envers le roi, tu passeras la nuit noire.

Ce que nous traduisons, nous, par nuit blanche !

Le prêtre s'occupe de ton âme.

Le roi s'occupe de ton or.

Et comme, de gré ou de force, il faut donner, vient ce proverbe d'une philosophie résignée :

Fais de bon cœur tes cadeaux au roi.

6° LES SAVANTS

Les savants ne jouissent certes pas, ici, du respect qu'ils inspirent en Europe. Chez ce peuple éminemment guerrier, on n'admire que la force armée et brutale ; les chefs ne s'abaisseraient jamais à écrire une lettre.

La niaiserie de la science est aussi grande qu'une montagne.

La pire des bêtes, c'est le scorpion ; le pire des hommes, c'est le lettré.

Ce mépris provient-il de la vanité arrogante et fière des lettrés abyssins ? Peut-être, mais aussi de ce que le lettré, passant sa vie à lire et à écrire, à gratter les peaux de chèvre qui lui serviront de parchemin, est nul au combat ; or, pour l'Abyssin, la guerre, c'est la suprême science, la seule source de gloire.

L'intelligence vaut mieux que l'étude.

Après un intelligent, tais-toi ; ne cherche pas la nourriture là où les singes ont passé.

De même, si tu ne comprends pas, inutile de chercher à comprendre ; tes doutes s'éclairciront d'eux-mêmes :

La vérité et le matin s'éclaircissent avec le temps.

Mais ne manquons pas d'affirmer hautement notre mépris pour la science.

***

Je pourrais vous fournir encore une foule de petites citations, qui toutes auraient leur charme ; mais je crains de vous fatiguer. Pourtant encore quelques petites fleurs cueillies au hasard dans le parterre que j'avais sous la main :

La viande que tu ne manges pas n'est pas bonne.

C'est « le raisin trop vert et bon pour des goujats ».

Il serait bon de mettre une clochette au cou du lion ! Oui, mais, qui la lui mettra ?

Ne tenez pas la queue du léopard, ou, si vous la tenez, ne la lâchez pas.

Si tu mets de la viande sur un âne, et si tu dis à une hyène de le conduire, ça n'ira pas !

O agneau, si je ne te mange pas, tu me mangeras, dit l'hyène.

Et ce dialogue entre la cigogne et la sauterelle :

« — *Où vas-tu cigogne ? demande la sauterelle.*

« — *Avec toi !*

« — *Quelles provisions emportes-tu ?*

« — *Toi !* »

CHAPITRE IX

Les vacances - Gouala - Le mont Aléqua Églises et puces schismatiques.

Les vacances étaient arrivées, les classes étaient finies, nos soixante enfants s'étaient envolés chacun dans sa montagne, et le silence s'était fait dans notre lugubre ravin ! Plus de ces cris joyeux, plus de ces chants monotones qui bercent notre vie quand nos élèves sont là. C'était le calme plat, le grand silence, que ne venaient rompre parfois que les vociférations de quelque tribu de singes en marche.

Les classes étaient finies !... Il faut vous dire que je suis professeur de belles lettres ! Parfaitement ! Nos enfants vous feront de très beaux *a.b.c.d.e.*, comme vous voudrez ! C'est dur à entrer, mais quand ça y est, ça tient bon, ça s'accroche. Quelquefois, pourtant, ça se décroche.

L'autre jour, interrogeant un de nos anciens élèves qui n'avait jamais brillé par son intelligence, je lui demandai s'il savait encore au moins l'alphabet :

— Oh ! oui, mon Père, s'écria-t-il, et armé d'un signe de croix comme s'il eût voulu chasser le diable, il se lance : *a,b,c,d, iche !*

C'est tout ce qui était resté de français dans sa pauvre cervelle !

***

La première année de mon arrivée, on me mit à la tête de trente petits diables, bien gentils, bien mignons, mais polissons au suprême degré. Pas de salle d'école, ici. L'espèce d'écurie baptisée du nom de collège contient juste de quoi se coucher ; une autre cabane sert de réfectoire. Avec mon bataillon, je dégringolais donc les flancs abrupts du ravin, je descendais en bas, tout en bas, dans le lit rocailleux du torrent desséché. Une relique de tronc d'arbre déposé par le torrent me tenait lieu de chaire ; une pierre plate servait de siège à mes élèves.

On commençait par faire la prière, ce qui allait tout seul. Après quoi, je leur apprenais à réciter : « O Marie, conçue sans péché... etc. » Il fallut plus d'un mois pour y arriver. Mais quand ils l'eurent appris, ce fut splendide de les entendre hurler ces douces paroles, de toute la force de leur rude gosier ; et je m'imaginais que, du haut du grand ciel bleu, dont j'apercevais un petit morceau au-dessus de nos têtes, la bonne Sainte Vierge devait sourire.

Ensuite, on attaquait l'*a*, *b*, *c*, *d*, qui est relativement facile pour eux dont la langue a plus de deux cent cinquante signes ; mais c'était dur à avaler.

Le plus dur, ce fut de leur faire lire deux lettres à la fois ; ils m'auraient volontiers répondu avec le *Vieux Sergent* de Déroulède :

Ce n'est pas, après tout, qu'on n'ait pas eu de maîtres.
On a, tout comme un autre, appris son a, b, c ;
Seulement, quant à faire un mot avec des lettres,
Ça m'a paru frivole, et je m'en suis passé ! »

Entre temps, des disputes s'élevaient, accompagnées de coups de poings gratuits et obligatoires. D'autres fois, sans prévenir, l'un d'eux se mettait à s'étendre désespérément, comme un homme qui s'éveille, poussant des bâillements sonores, semblant me prouver que je devais les intéresser beaucoup !

***

Pourtant, mes cours avaient du succès, ils étaient très suivis. Toute la marmaille du pays, en petite tenue, était aux alentours à cheval sur le nez des roches, répétant avec des modifications variées, les mots si barbares qu'on écorchait en bas ; et quand un malheureux chien venait à passer, la bande joyeuse disparaissait et s'efforçait de l'acculer dans un coin pour le lapider ! C'est bien le cas de dire que cet âge est sans pitié.

Enfin, pour achever le tableau, Monsieur ou plutôt feu Tambour Ier venait, lui aussi, assister à mes cours pour faire la police, et aboyer quand passait un chien en maraude, ou qu'il sentait au loin l'hyène ou le léopard.

Tout cela, c'est de l'histoire ancienne. Aujourd'hui, j'ai moins d'élèves ; mais ils sont choisis parmi les meilleurs. Aussi nous avançons plus vite, oh ! pas en rapide, mais comme un pauvre vieux train de marchandises.

Donc, les élèves étaient partis, et, moi aussi, je grillais de partir, de m'arracher à cet étouffoir d'Alitiéna, où l'on ne respire que de la fièvre et de l'orage, et, je partis pour Gouala, notre poste le plus avancé au cœur de l'Agamié. Il n'est qu'à 50 kilomètres d'Alitiéna, mais c'est une rude étape sous le soleil des tropiques.

Aussi, je me payai un voyage au clair de lune. Tambour m'accompagnait avec deux hommes armés;

précaution élémentaire dans un pays pareil ! Qu'il faisait bon marcher, sans chapeau, sans ombrelle, au milieu de cette nature sauvage endormie ! Quelques hyènes et léopards attardés durent probablement nous apercevoir ; mais nous étions en nombre et... Tambour veillait.

Au point du jour, on frôla des broussailles où l'on avait aperçu, quelques jours auparavant, un boa d'une douzaine de mètres. J'eus un instant l'idée d'aller le réveiller pour lui dire : « Allons, frère serpent, *Benedicamus Domino !* ». Mais je sais par expérience qu'il est des gens qui n'aiment pas être réveillés en sursaut, et je jugeai prudent de passer mon chemin, car si mon mulet l'avait aperçu, j'étais perdu : il m'aurait fait dégringoler dans le ravin que nous longions toujours.

Vers 6 heures, j'étais transi de froid ; mes hommes n'osaient plus mettre les pieds à terre, dans la gelée blanche qui les mordait. Mais, dès huit heures, il fallut arborer chapeau, mouchoir et ombrelle, et une heure après, la cuisson commençait !

Enfin, à midi, nous arrivâmes à Gouala sans aventures.

***

La plaine d'Adigrat est un immense cirque d'environ vingt kilomètres de tour. Partout, sur les rebords, on voit de ces montagnes curieuses, dont j'ai parlé plus haut, et qu'on appelle *ambas*.

L'une d'elles, qui étale une immense table à 3.250 mètres d'altitude, m'attirait singulièrement ; je voulus y grimper. Après tout, j'étais en vacances ! et une imprudence de plus ou de moins, ça ne nuit pas, d'autant plus que je compte beaucoup sur mon ange gardien, ce qui est, croyez-moi, la meilleure des assurances sur la vie !

Nous partîmes donc un matin, deux hommes armés de fusils, mon mulet et moi. Après une heure de marche dans la plaine, nous arrivâmes au pied de la montagne, et l'escalade commença. Elle dura plus de deux heures, par des chemins impossibles, où les pierres, glissant sous nos pieds, nous faisaient rouler avec elles. Les quelques hommes que nous rencontrâmes me prirent pour un officier italien, ce qui vous expliquera la suite des événements.

Arrivés au pied du dernier contrefort, nous longeâmes un petit village et nous demandâmes le chemin. On nous répondit que nous devions prendre chez eux un guide ; sans quoi nous risquions fort de nous casser le cou. Mais, apercevant une espèce de sentier au milieu des roches, nous nous y engageâmes et échappâmes aux regards méchants qui semblaient nous fusiller. Nous arrivâmes enfin au sommet, non sans quelques fortes émotions.

Le soleil était aussi chaud que possible ; mais sur cette vaste table naturelle qui mesure 600 mètres de large sur 900 de long, un vent froid et glacial nous pénétrait jusqu'aux os. On y voit encore quelques ruines d'un fort bâti pendant la guerre des Italiens, qui subirent un rude engagement aux pieds de ce mont Aléqua au sommet duquel je trônais. Un seul petit arbre restait là, mélancolique, donnant un petit coin d'ombre dont je ne voulus pas profiter.

***

M'avançant sur le rebord sud-ouest, je me laissai aller à la rêverie.

Midi, roi des étés épandu sur la plaine,
Tombe en nappes d'argent des hauteurs du ciel bleu.
Tout se tait ; l'air flamboie et brûle sans haleine,
La terre est assoupie en sa robe de feu.

Sur le fond bleu du ciel, un seul petit brouillard blanc, attardé, se tordait languissamment comme un reptile ; à mes pieds, une mer de montagnes, une sarabande effrénée de pics, plus curieux les uns que les autres ; par-ci par-là, quelques taches noires indiquaient des villages, et de grandes taches blanches, les moissons jaunissantes. Devant moi, j'avais les monts du Sémien, dont loin, très loin, dans un horizon vaporeux, on aperçoit par les temps clairs les neiges éternelles ; à droite, Adoua, avec ses belliqueux souvenirs, et Entitcho, où autrefois s'élevait une chrétienté florissante ; à gauche, quelques chaînes de montagnes, deux volcans qui parfois laissent flotter sur leur crête un panache de fumée, et la mer qu'à certains jours on peut apercevoir.

Me retournant, je voyais derrière moi, à droite, dans un nid de verdure, Gouala, notre poste d'observation au milieu des schismatiques, où nous avons eu tant de peine à nous accrocher quand même. Et puis, à l'horizon, une suite de montagnes brûlées, noires, affreuses, maudites, où se cache Alitiéna, aux confins de l'Abyssinie, auprès de farouches tribus musulmanes. En face de moi, dressant son nez rocheux, le mont Fékada, sur les flancs duquel les Dominicains avaient, au XIIIe siècle, élevé une église dont on voit encore les ruines ; et toujours dans la même direction, les monts Baréknaa, Météra et Tesné, où moururent de faim plutôt que de renier leur foi, des milliers de catholiques, dont les gens du pays, quoique schismatiques, vénèrent la mémoire. Enfin, à gauche, par delà les monts, par delà les plaines, par delà les mers... c'était la France !...

***

Ah ! que ce mot-là fait palpiter le cœur de ses enfants qui sont loin d'elle ! Un tribun de la Révolution disait : « On n'emporte pas la patrie à la semelle de ses souliers ! » Il se trompait... et probablement il ne l'avait jamais quittée, lui, car il n'aurait pas parlé ainsi ; oui, il se trompait, car on l'emporte avec soi, au fond du cœur, à la fine pointe de l'âme, comme un souvenir mélancolique qui demande des prières.

Et, doucement, me revenaient au cœur ces vers, écrits par un missionnaire, et non par un tribun :

La France ! Oh ! ce soir-là, comme elle semblait belle !
Vous souvient-il ? Le feu du ciel était si pur !
Le navire fuyait, fantastique hirondelle,
A regret, dans ce double azur !
Plus d'un front se tournait vers l'horizon d'arrière,
Pendant que d'un sanglot montait l'adieu fatal ;
Pour sentir frissonner la caresse dernière
De la brise du sol natal !

C'était avril en fleurs sur les côtes de France
C'était, plus loin... plus loin... dans un rêve lassé,
Rêve d'amour intime et d'intime souffrance,
Un coin du foyer délaissé...
Ce coin obscur de la Patrie
Où deux êtres pleuraient tout bas,
En songeant qu'un peu de leur vie...
Leur enfant... s'en allait là-bas !

La maison à toiture grise,
La maison où l'on a vécu,
Qui dort, inquiète et surprise
De sentir un vide inconnu !

La terre où notre âme était née,
Où flottaient tant de souvenirs,
Où chaque chose était aimée,
Où l'on rêvait vivre et mourir !
Toutes ces choses évoquées
Passent du cœur devant les yeux...
Et c'est quand on les a quittées,
C'est alors qu'on les aime mieux !...

***

J'allais probablement me laisser bercer longtemps par « la douce souvenance » du « cher pays de mon enfance »... quand je vis arriver Dilibis, grotesquement drapé dans la couverture du mulet :

« Figurez-vous, me dit-il, qu'il y a là quatre hommes, qui me disent que vous êtes un officier italien ! Quand je leur réponds, que c'est pas vrai, ils ne me croient pas. Ils sont bêtes, savez-vous ! »

J'allais trouver les quatre individus, qui me regardèrent avec un air plus que froid. J'essayai de dissiper leur erreur. Ce fut inutile. Les laissant alors creuser le problème qui les intriguait, je me retirai pour lire mon bréviaire. A la fin, ils partirent sans rien dire ; c'est ce que nous attendions pour prendre un peu de pain et de café froid.

En redescendant, nous croisâmes quelques petits bergers qui, de loin, nous appelèrent : « Italiens ! » Dilibis voulait aller leur tirer les oreilles, mais, voyant que ce mot-là ne m'avait pas du tout troublé, il jugea toute représaille inutile, et nous continuâmes à descendre. Le soir, fatigués, mais contents, nous rentrâmes au logis.

Le lendemain, dans tout le pays, courait le bruit qu'un officier italien avec 300 *bachibouzouks* (soldats indigènes) et deux mitrailleuses étaient montés sur le mont Aléqua !

Bien plus, pendant que j'étais en haut, un homme qui nous avait vu passer était descendu en courant avertir le chef d'Adrigat que « les Italiens envahissaient le pays », et une bande était partie pour attaquer ces « Italiens ». Heureusement un de nos amis, qui, lui aussi, m'avait vu passer, rassura tout le monde et mit les choses au point ; sans quoi, nous aurions eu à subir un siège en règle au sommet de la montagne et je ne sais comment nous nous en serions tirés.

Le surlendemain, le chef d'Ambra-Tsion envoyait une lettre à celui d'Adigrat, lui disant :

« Il paraît que les Italiens ont envahi le pays et se sont établis sur le mont Aléqua. Que fais-tu ? Vas-tu les laisser tranquilles ? »

Cela vous donne une idée de la façon dont les nouvelles se propagent par ici.

J'allai plusieurs fois visiter l'église schismatique de Gouala pour en photographier les peintures (lisez : caricatures) qui, pour le pays, ont une valeur singulière ! On y voit le Père Eternel brandissant l'étendard du pays ; Pharaon passant la mer Rouge avec des soldats coiffés de la *chéchia ;* un gros diable, au ventre énorme, dévorant des hommes ; des soldats romains avec des fusils à pierre, etc., etc.

Mais il y avait un revers à la médaille. Je sortis de là tout noir de puces. Il y a quatre-vingt ans que cette église est bâtie ; en guise de sièges, dans les quatre espèces de couloirs qui entourent « le Saint des saints », on déposa alors quelques poignées de foin ; à chaque grande fête on ajoute un peu d'herbe nouvelle sans jamais enlever celle d'autrefois... Vous pensez comme les puces sont heureuses là-dedans ! Aussi, à la vue d'un blanc, habillé de blanc, quelle tentation !... Elles ne pouvaient pas y résister.

Lorsque je sortis de l'église, Dilibis, un paquet de branches vertes à la main, « épousseta » ma soutane. Rien que dans ma ceinture, je trouvai plus de soixante-dix bestioles !

Enfin, dépucé tant bien que mal, je partis ! Mais je devais traverser un vestibule où l'on dort la veille des fêtes, afin d'être tout près, pour commencer le chant de grand matin. En huit pas, j'eus enjambé le foin qui se trouvait encore là ! Mais quelle ne fut

Église schismatique.

pas ma stupéfaction, revenu à la lumière, de voir encore ma soutane blanche constellée de points noirs ! J'allai bien vite m'enfermer dans l'écurie du mulet pour changer de linge !...

Je me demande comment les indigènes font pour supporter tant de vermine !... d'autant plus, comme me faisait remarquer Dilibis, que « ce sont des puces plus mauvaises que les autres, étant des puces schismatiques ».

***

J'eus encore plusieures autres aventures. Glissant un jour sur un rocher, j'allais dégringoler dans une mare d'eau verte ; je faillis avoir l'estomac défoncé par mon mulet, etc., etc.

Une dernière, enfin, vous peindra au vif la haine que les pauvres schismatiques ont pour nous.

J'étais allé à Maï-Brazio, où nous avons un prêtre et une centaine de catholiques. L'église du pays, bien petite (4 mètres de large sur 10 de long), a été brûlée par le Dedjaz Hagos, il y a dix ans, et, depuis ce temps, nous n'avons pas même pu obtenir la permission de lui remettre un toit en branchages. Quand nous demandons timidement la permission à un chef, il s'excuse : « Il faut pour cela la permission du roi ! » qui ne l'a jamais accordée. Notre prêtre dit donc la messe dans une petite chambre, en attendant mieux.

CHAPITRE X

Maladies et Remèdes

Voici un chapitre qui va probablement laisser plusieurs de mes lecteurs incrédules. Les uns diront : Il exagère ; d'autres : C'est impossible ! Je me contenterai de leur répondre : « Venez voir vous-mêmes ! »

***

Tout d'abord, voici un fait tiré d'une lettre du Vénérable Justin de Jacobis.

« La plupart des membres de cette tribu (Irobs), dit-il, excellent dans les opérations de la chirurgie et ils font preuve d'une adresse rare et d'une grande énergie. On peut s'en rapporter au trait suivant, dont je garantis la vérité, puisque j'en ai été moi-même le témoin :

« L'oncle maternel du Bélata Sebahatou était tourmenté d'un affreux mal d'entrailles. Comme il est habile chirurgien, il veut se guérir lui-même. Il commence par remplir de beurre fondu une grosse écuelle de bois, qu'il recouvre du réseau abdominal d'une vache tuée sur l'heure. Puis il s'assied à terre, s'ouvre le bas-ventre avec un rasoir, approche l'écuelle, fait tomber ses intestins dans l'écuelle et les dégage successivement de la graisse d'où vient tout son mal, ayant soin d'oindre de temps en temps ses mains avec du beurre. Il remet ensuite le tout à sa place naturelle, coud la blessure avec du gros fil ; après quoi il se couche à la renverse, tirant les jambes à lui, et reste immobile dans cette position, jusqu'à ce que la plaie soit cicatrisée et que son mal soit entièrement disparu. » *(Vie du vénérable de Jacobis*, p. 228.)

Eh bien, qu'en dites-vous ? Voilà une histoire qui, si vous l'avalez, vous permettra de digérer tous les autres détails non moins curieux qui vont suivre.

Passons donc en revue quelques-unes des maladies qui peuvent survenir en ces climats, et voyons les remèdes que les indigènes y apportent. Cela fera sourire peut-être ; mais j'en garantis l'authenticité.

Posons d'abord comme principe, que ces gens, sans être autrement bâtis que nous, ont une constitution bien plus robuste ; aucune des mille excitations nerveuses de notre civilisation raffinée n'est jamais venue les amollir ou les débiliter. Leur épiderme physique (comme le moral) est extrêmement dur. Des choses qui feraient évanouir un malade en Europe passent ici presque inaperçues. Un exemple : Ils ont souvent besoin de purgatifs ; nous avons des pilules énergiques dont une seule produit sur les tempéraments les plus réfractaires un effet immédiat. Dilibis en avala un jour quinze à la fois... et n'obtint aucun résultat, rien, absolument rien !

Il y a eu, cette année, une « épidémie » de têtes cassées !

Rien que dans notre tribu plus de treize cas en deux mois. En passant sous leurs portes si basses, les gens se cognent et se fendent le crâne.

Le chirurgien arrive. Armé d'un couteau ou d'un rasoir, il commence par raser la tête avec un peu d'eau sans savon, et trace une grande incision en croix sur la partie malade. Le cuir chevelu est écarté, et les quatre extrémités, auxquelles avec une aiguille on a attaché du fil, sont rabattues et liées à un cordon qui entoure le front. Le crâne est à nu ! Il s'agit de le couper afin d'enlever toute la partie malade, et notre chirurgien, avec son couteau, passera sept heures, huit heures, à enlever des parcelles de crâne, qu'il recevra dans une cuillère, afin qu'elles ne tombent pas dans la cervelle. A quelques-uns, même, on enlève ainsi toute la calotte cranienne.

Le patient n'a pas dit un seul mot pendant ce supplice.

Quand la partie fêlée est enlevée, reste un trou au travers duquel la cervelle apparaît.

Sur la cervelle, on appliquera un cataplasme de beurre et de farine ; on remettra en place le cuir chevelu et on laissera le malade se reposer.

Par la suite, trois fois par jour, on lave la blessure avec de l'eau qui va se promener jusque dans la cervelle. On enlève le précédent cataplasme pour en remettre un autre, et on continuera jusqu'à ce que le malade soit mort ou guéri. Quelquefois, au lieu de farine, on met un cataplasme d'herbes spéciales dont j'ignore et le nom et la vertu.

Les malades se laissent soigner sans mot dire ; on dirait qu'ils ne souffrent pas. L'odeur du beurre attire des armées de fourmis rouges, et, la nuit, c'est un supplice ; heureux quand, après avoir mangé la farine et le beurre, elles ne vont pas se promener à travers la cervelle !...

D'autres visiteurs, attirés de la même manière, ce sont les rats ! Mais, contre ces derniers, la lutte est plus facile.

Il fallait naturellement trouver une explication à cette épidémie de têtes cassées. Les schismatiques disaient : « En se mariant entre parents, les Irobs « brisent les os » (c'est le mot consacré pour stigmatiser les mariages entre parents, défendus ici jusqu'au 8e degré) et, pour les punir, Dieu leur brise les os aussi ! » (Et d'une !) Les Musulmans, nos voisins, attribuent cette calamité à l'apparition de grandes bandes de corbeaux ! (Et de deux !)

Nos paroissiens, eux, ne pouvaient pas manquer de trouver une explication encore plus saugrenue : Selon eux, c'est tout simplement un démon domestique qui leur frappe la tête quand ils passent sous la porte, où, paraît-il, il loge d'habitude ! (Et de trois!)

Enfin, les plus sensés y voient une punition de Dieu... et ils ont raison !

***

Les Abyssins ont souvent des maladies d'yeux, dues surtout à la malpropreté et à la fumée dont leurs habitations sont souvent remplies. Selon les cas, ils se mettent dans l'œil du vin blanc, de l'eau bouillie avec certaines plantes, du savon et même du tabac à priser ! Quelquefois, avec les doigts, on retire l'œil ; on gratte l'intérieur, on enlève ce qui gêne, on introduit à l'intérieur de l'orbite du sel et du beurre, et l'œil est remis en place. Quand la paupière inférieure est gonflée, on la traverse avec une aiguille enfilée, on entaille la paupière avec un rasoir, on enlève la partie malade, on lave avec de l'eau et le malade est guéri.

Pas de dentistes ici ! C'est un luxe inconnu. On a surtout recours aux grosses tenailles du forgeron, ou bien encore on applique un bâton sur le côté de la dent malade et on frappe le bâton avec un gros caillou jusqu'à ce que la dent déménage.

Quand une dent remue et qu'on tient à la conserver, on fait trente petits trous dans la gencive avec une aiguille, pour faire sortir le sang ; après quoi, une femme qui a la spécialité de ce remède, badigeonne la gencive plusieurs jours de suite avec du noir de fumée, et la dent redevient solide.

Ici est assez fréquente une espèce d'angine appelée *hanat*, tumeur qui se forme derrière la luette et fait beaucoup souffrir. Le remède est simple : le médecin enfonce le doigt dans la gorge du malade et presse jusqu'à ce que l'abcès soit crevé. Pour éviter d'être mordu, il commence par mettre un bâton entre les mâchoires du patient.

Quand le cou et le haut de la poitrine sont le siège du mal, on crible de coups d'aiguille la partie malade et on la badigeonne avec du noir de fumée.

Les blessures, vu la malpropreté dans laquelle ils vivent, deviennent bien vite affreuses. Impossible d'obtenir d'eux qu'ils se soumettent à un traitement suivi ! Ils emportent le remède et... le cachent dans un coin de la maison ! Ils aiment mieux appliquer un cataplasme de plantes connues d'eux. Et, soit dit en passant, ils n'ont pas une seule maladie à laquelle ils n'opposent la vertu plus ou moins douteuse des « simples ».

***

Parlons maintenant du ténia. Ici, tout le monde l'a. Mais le bon Dieu a mis le remède à côté du mal. Le *kousso* pousse ici partout et tous les Abyssins en usent. Ce remède, dont ils s'accommodent assez bien, parce qu'ainsi le veut l'usage, a une amertume comparable à celle du sulfate de quinine.

L'absorption du dit purgatif donne lieu à des scènes d'un inénarrable comique. Quand, après de multiples grimaces, la dose est enfin avalée, il faut voir les clients se démener comme des diables, faire des contorsions en tous sens afin de précipiter la descente et la circulation du remède. Une heure après environ, ils vont s'étendre au soleil comme des lézards. Le *kousso* est un redoutable poison et bien des gens, parfois, en forçant la dose, en sont plus malades que leur ténia, lequel réssuscite toujours.

Contre la dysenterie, endémique ici, les Abyssins ont recours à des fruits sauvages, à du lait caillé ou l'on a fait infuser des oignons !... etc.

Ils sont persuadés que leur ventre devient parfois une véritable ménagerie, et ils vous diront sans broncher, avec un accent de conviction irréfutable, que, grâce à vos prières, ils ont expulsé des vers, des rats, des serpents, même des chiens noirs !...

***

La fièvre !... ah ! la maudite fièvre ! Elle règne en maîtresse dans ce pauvre pays ! nous en savons quelque chose. Les indigènes refusent d'employer contre elle la quinine ; ils disent que ce remède les rend sourds. Ils ont recours à toutes sortes d'herbes ou bien ils prennent un mélange de beurre, de poivre noir, de sel, de l'urine de vache ou de chèvre, etc., et ils sont étonnés de ne pas guérir.

Contre le rhume, ils ont un spécifique infaillible qui guérirait même un « rhume de cheval ». Faites fondre une forte poignée de poivre noir dans deux ou trois cuillerées de miel, et avalez tout cela bouillant. Rien de tel pour vous ramoner les poumons.

Les maladies du cœur ne résistent pas, paraît-il, au remède suivant : Laissez macérer ensemble, durant huit jours, de l'ail, de l'oignon et du miel ; après quoi, avalez cela comme de la confiture. Vous serez guéri.

***

Voici maintenant un renseignement qui pourra être utile aux victimes des maux de tête ; aucune névralgie n'y pourra résister. On introduit un bâillon dans la bouche du malade ; on applique ses deux mains contre ses deux joues et on lie le tout avec une toile. Cela a pour résultat de faire gonfler les veines du front. On prend, alors, un rasoir et on coupe une des veines. Le sang sortira... et le patient est soulagé.

On trouve beaucoup de sangsues dans les marais et il arrive à nos gens parfois d'en avaler sans y faire attention. Quand ils s'en aperçoivent, ils absorbent des poignées de sel et de poivre. Cela leur donne une soif terrible et ils boivent démesurément. A la fin l'eau rebrousse chemin et presque toujours, elle ramène la malencontreuse bestiole.

***

Je ne veux pas allonger outre mesure ce chapitre ; je ne crois pas que les remèdes abyssins puissent beaucoup servir en Europe.

Une dame m'écrivait un jour pour me demander la façon dont on s'y prend pour guérir, ici, les rhumatismes. Je lui répondis :

« Faites en terre un trou d'un mètre de profondeur ; mettez-y du bois vert et du bois sec ; allumez le tout ; puis asseyez-vous sur un morceau de bois que vous mettrez en travers du trou, au-dessus du feu ; couvrez-vous bien avec plusieurs couvertures... les rhumatismes ne pourront résister au bain de fumée que vous prendrez ainsi. »

Il va sans dire que le remède parut trop difficile et même pire que le mal.

***

Plus qu'un trait et j'en aurai fini avec tous ces détails pharmaceutiques. Voici ce qu'on fit, il y a trois jours, pour guérir un de nos mulets qui « voulait mourir ». Tous nos remèdes à nous avaient été inutiles ; nous laissâmes nos domestiques recourir à leurs remèdes à eux. Ils allèrent trouver une vieille femme, lui volèrent quelques mèches de cheveux qu'ils firent brûler sous les naseaux du quadrupède, lequel fut guéri le lendemain !...

Je vous entends rire et protester. Vous avez tort. Que vous dirai-je?... D'essayer vous-mêmes?... Non ! vous ne le feriez pas... De venir entre deux trains voir de vos yeux les curieux effets des remèdes abyssins?... Vous ne le ferez pas non plus !... Alors, croyez-moi sur parole... Je n'ai aucun avantage à inventer des choses pareilles.

CHAPITRE XI

Ce que l'on mange en Abyssinie

« Que mange-t-on en Abyssinie? » me demandait un jour un brave paysan, tout étourdi par les quelques détails qu'il m'avait entendu raconter...

Voici encore un chapitre qui vous surprendra. Vous trouverez que les « menus » ne sont guère appétissants !... Qu'y faire?... Offrez à des Abyssins les meilleurs plats de notre cuisine française, ils feront la grimace !... Laissons-leur donc leurs goûts et leurs plats. Ils les aiment, cela suffit !

Je vous ai dit plus haut combien leur estomac est élastique. Ils n'ont nullement besoin de sel de Vichy, ni de pilules Pink. Ils pourront, s'il le faut, rester une semaine sans manger ; mais, par contre, ils ne reculeront jamais devant la moitié d'un mouton !... Avec des estomacs pareils et un gosier galvanisé, tout passe !

***

Commençons par la boisson.

La plus commune est une espèce de bière appelée

soua. Elle est faite d'orge grillée, ou préparée avec des croûtes moisies et fermentées de pain d'orge. On ne la clarifie pas, ce qui fait qu'elle donne autant à boire qu'à manger. Hélas ! elle est loin de rivaliser avec la belle et bonne boisson blonde de Munich ou de Pilsen. Pour moi, je préfère l'eau à ce breuvage amer qui met en révolution mon pauvre estomac détraqué.

L'hydromel est la boisson des riches. Quand il est bien fait, il ne manque pas d'un certain bouquet ; il est parfois même très capiteux.

Voici comment on le fabrique :

Dans d'immenses vases de terre, on met une partie de miel pour quatre parties d'eau, après y avoir ajouté quelques poignées de racines d'un arbre appelé *tséddo* qui fera fermenter le mélange. On bouche le vase avec de la terre ou de la bouse de vache. Au bout de six à huit jours, la fermentation est finie et le breuvage peut être servi. Il a une couleur jaune citron et un goût qui varie selon le plus ou moins d'expérience du fabricant.

Les Abyssins font une grande consommation de sel et d'épices. Le sel est vendu sous forme de pierres à aiguiser importées des côtes de la mer

Rouge. Les condiments les plus en honneur sont le poivre noir, l'oignon, l'ail, et surtout le *berbéré* ou piment.

Ce maudit piment, quel abus on en fait ! Dans tous les plats on en met des poignées... Aussi quel martyre pour nous, quand il nous faut manger la cuisine indigène ! La bouche et la gorge restent en feu pendant plusieurs heures, sans parler des autres suites plus graves encore produites dans l'estomac et les instestins.

Le beurre est très employé, mais mélangé aux oignons, au coryandre, au *cessek* (espèce de menthe sauvage) et au *petpéko* (rumex abyssinus) qui lui donnent une odeur insupportable, renversante.

***

Le fond de la nourriture, ici, comme partout, est le pain. Le blé existe ; mais on n'en mange guère. On lui préfère l'orge, le *tief* ou millet, dont on rencontre une dizaine d'espèces différentes, et le dourah.

Le grain est toujours moulu entre deux pierres.

On fait le pain de vingt manières différentes :

Première manière. — La farine, délayée dans l'eau, forme une bouillie que l'on étend sur une large plaque de fer chauffée. On retire au bout de quelques minutes une sorte de galette grisâtre (la *tahita)*, d'un centimètre dépaisseur. On la plie ordinairement en quatre, et on en arrache des morceaux pour les tremper dans le fricot, quand il y en a, et, quand il n'y en a pas, tout simplement dans du poivre noir ou rouge en guise de confitures ; ou bien, on y ajoute, ce qui est plus distingué, quelques poignées de farine de lin.

Deuxième manière. — Le *bourkoutta* est encore plus vite fait. Avec la farine délayée dans de l'eau, on fait des boules grosses comme la tête ; on les ouvre pour y introduire un caillou chauffé au feu, et qui aura pour fonction de cuire l'intérieur ; un lit d'autres pierres brûlantes cuira l'extérieur, et le pain sera fait... Ajoutons qu'il est affreusement indigeste. Mais des estomacs abyssins seraient presque capables de digérer même la pierre qui lui sert de noyau.

L'*anizza* est un pain de millet fait dans le genre du premier ; mais, quand il est cuit, on y ajoute de la crème de pâte, et on le fait cuire une seconde fois.

Souvent on ajoute à la farine des pois chiches, du poivre rouge et de l'huile. Vous voyez d'ici le beau gâteau que cela doit faire !

A signaler encore un petit pain azyme fait pour le repas d'un enfant ; l'*aukourkourit* qui ressemble à nos croquignoles et qui a jusqu'à huit centimètres d'épaisseur. Un autre petit pain de froment fermenté, d'une forme demi-sphérique, est cuit dans

Jeunes filles pilant de l'orge dans un tronc d'arbre.

des feuilles sur une plaque de fer. Enfin un pain azyme est fait de grains pilés tout chauds avec des épices et une espèce de légumineuse à graine oléagineuse.

J'en pourrais citer encore d'autres espèces. Mais cela suffit, n'est-ce pas?

Voici maintenant quelques spécimens des plats imaginés par l'art culinaire abyssin :

1° Le *doulat*, hachis d'estomac cru de mouton ou de chèvre, de foie grillé, de fiel, de beurre, de sel et de poivre rouge, le tout assaisonné avec le «contenu» de l'intestin grêle ;

2° Le *chiro*, bouillie de pois chiches cuits à l'huile, avec des poignées de poivre rouge ;

3° Le *gaat*, gâteau des grandes fêtes. On fait cuire la farine plusieurs fois, et, en dernier lieu, on lui donne la forme d'un cône au milieu duquel on creuse un « puits » qui sera le « pot de beurre ». On arrache la farine sur les bords, on la trempe dans le beurre et on avale; c'est encore ce qu'il y a de plus appétissant par ici ;

4° Le *dog*, espèce de canne, dont la moelle encore molle est mangée par les pauvres ;

5° Le *ghebets méser*, fait de lentilles concassées et cuites en bouillie épaisse avec de l'huile, du poivre rouge et du beurre ;

6° Le *mérèk*, espèce de sauce faite avec de l'eau, du beurre, du piment, des oignons, du cardamome, etc., etc. ;

7° L'*atmit*, bouillie claire d'amidon, de beurre et de chair de poule pilée avec les os et recuite ;

8° Le *gougo*, chair de la cuisse de vache hâchée avec la moelle du pied et mangée crue ;

9° L'*enferfer*, pois chiches décortiqués et cuits avec de l'eau, de l'huile, du piment et du beurre ;

10° Le *sébeko*, espèce d'herbe sauvage cuite d'abord dans l'eau seule, puis additionnée de farine, de sel, de poivre, d'huile, de beurre, d'oignons, etc. On remue le tout et... madame est servie !

11° Le *béquouelt*, pois ou fèves abandonnés dans l'eau trois ou quatre jours et mangés tels quels, quand ils ont bien germé ;

12° Le *zégueni*, le plat des grandes circonstances, se compose de petits morceaux de viande cuits dans une sauce noire faite avec de l'eau, du beurre, de la farine et du poivre rouge. C'est le plat qu'on nous sert quand nous sommes invités aux repas de mariage et à ceux que l'on fait en l'honneur des morts.

Citons encore le lin, qui, délayé dans l'eau avec sel et poivre rouge, aide à manger le pain. On mange aussi les orties et autres espèces d'herbages, aux jours de jeûne. Enfin citons une espèce de fromage aigre, caillé, sec, assaisonné d'épices, de beurre, de poivre et d'oignons.

Pour les repas de cérémonie, il y a deux façons de manger la viande. Tantôt elle est déposée à même sur un lit de pierres bien chauffées, où elle cuit comme elle peut ; on la retourne avec une grande perche ; tantôt elle est servie saignante ; chacun en happe un morceau qu'il porte à sa bouche, en le coupant avec un couteau, ou même avec son grand sabre ; les morceaux sont coupés au ras de la bouche, sans doute pour ne pas perdre de temps. Alors, personne ne parle, on n'entend que le bruit des mâchoires ! Et quel bruit ! Les dents abyssines sont solides. Ici dentistes et dentiers sont inconnus ; vous ne verrez jamais de mâchoires en ruine et démantelées.

Certains morceaux sont réservés de droit à diverses personnes. L'estomac, avec sa muqueuse, revient à la cuisinière, le gros intestin au chargeur d'ânes, le gésier à l'esclave, la bosse du dos aux assassins, l'avant-bras au porte-bouclier, l'épaule aux chefs, la panse à celui qui tient la bride, la tête à la brasseuse de bière, l'épine dorsale à la cuisinière, le pied au gardien des couteaux, le rognon au serviteur ou à l'intendant, la bosse du zébu, (morceau de choix), aux assassins.

***

Le pays regorge de gibier ; mais presque tous ces animaux sont réputés impurs (en souvenir de la loi mosaïque). Les lièvres pullulent dans certaines plaines (un bon chasseur en tuerait facilement une centaine dans sa journée) ; mais ils vivent bien tranquilles et vous regardent curieusement passer. De même pour les pigeons. Personne ne s'aviserait d'en manger (1). Mais l'animal qui inspire la plus vive horreur, celui dont on ne peut même pas prononcer le nom, c'est le *quadrupède* dont l'enfant prodigue enviait la nourriture.

Certaines tribus choos mangent les sauterelles. Grillées et réduites en farines, elles remplacent parfois le pain. J'ignore si saint Jean dans son désert les préparait ainsi ; mais c'est une bonne provision pour les années de disette. Seulement, la sauterelle étant un animal réputé « musulman », un chrétien qui en mangerait ferait un acte formel d'apostasie.

***

Pour terminer ce chapitre, laissez-moi vous raconter comment se passent ici les grands repas de cérémonie, auxquels, hélas ! nous ne pouvons pas ne pas assister.

Supposons qu'il s'agisse d'un mariage.

Autour de la maison on a, avec des branchages, construit une espèce de hangar, où les invités passeront le jour et la nuit. L'épouse et les amis de l'époux qui ne doivent pas quitter celle-ci et

(1) Parce que le pigeon est l'emblème du Saint-Esprit.

qui ne peuvent rien faire, pas même manger, sans sa permission, sont installés dans un petit recoin, que nul regard profane ne doit fouiller.

Nous entrons. Les catholiques se lèvent ; les schismatiques nous regardent curieusement ; ils entendent dire tant de mal sur notre compte par leurs prêtres, que leur étonnement ne nous surprend pas. Un peu à l'écart, on a installé pour nous une poutre recouverte d'une peau de vache ; c'est la table. Nous nous y plaçons, et pendant plusieurs heures nous regardons manger les autres. C'est intéressant et on peut faire des études de mœurs très curieuses. Lorsque tout le monde a mangé, c'est notre tour. Le menu est le même. Par politesse on nous sert à la fin.

Les hommes sont accroupis d'un côté, les femmes de l'autre, les enfants un peu partout. Pour servir femmes et enfants, deux hommes prennent un grand plat en bois, dans lequel sont entassés des morceaux de viande et, traversant les rangs, distribuent à tous le même nombre de morceaux qui ne tardent pas à disparaître !... Un homme armé d'un bâton fait la police et impose silence aux plus turbulents ; un autre, une calebasse à la main, donne du sel ou du poivre à qui en demande.

Pour notre repas à nous, c'est d'abord la « zégueni », dont j'ai parlé plus haut, ensuite la viande rôtie sur des pierres. On nous apporte de l'hydromel dans des petits carafons au long col, qui servent à tout le monde. Quand on ne veut pas tout le boire, on cède ce qui reste à qui l'on veut, et celui qui le reçoit fait trois prosternations devant vous et l'ingurgite avec une joie qu'il ne cherche même pas à dissimuler. Donner nos restes est une très grande marque d'honneur. Souvent cela nous débarrasse et nous soulage considérablement.

Tous les invités apportent quelque chose à ces agapes : de l'argent, des bêtes, du miel, de l'orge, etc.; mais, en retour, ils resteront là plusieurs jours jusqu'à ce qu'il n'y ait plus rien dans la maison. Pour nous, nous en sommes quittes en donnant deux ou trois thalers.

Pour un « *tezkar* » (anniversaire d'un mort) le cérémonial est le même. Le matin, on pleure, on célèbre les gloires du défunt ; un prêtre vient, bénit le sabre et les animaux qui seront égorgés. Puis on se met à table, sans plus songer au pauvre défunt. Les schismatiques disent que le « tezkar » fait sortir l'âme de l'enfer si elle y est tombée ! Nos catholiques sont mieux instruits sur ce point ; mais cette coutume, qui, selon un de leurs proverbes, remonte à Abel !... est tellement enracinée dans les mœurs qu'il ne faut même pas essayer de leur en montrer l'inutilité.

***

Voilà en résumé « ce que l'on mange dans notre pays ». Je n'ai pas tout dit, je passe bien des détails. Si vous voulez être encore mieux renseignés et connaître une foule de choses que je ne veux pas écrire, venez, je vous invite à dîner ! — mais ne venez pas tous à la fois !

CHAPITRE XII

La tribu des Irobs - Ses origines Ses généalogies - Son caractère

Avant de passer aux questions religieuses, je donnerai quelques aperçus historiques sur la tribu au milieu de laquelle nous vivons.

Ce n'est pas chose facile, car, à part une généalogie, aucun document ne peut nous aider en cette difficile recherche.

Certains détails vous permettront, je l'espère, de pénétrer un peu plus avant dans l'âme de nos paroissiens. De plus savants et de mieux renseignés que moi pourront un jour étudier plus à fond la question ; mais il ne m'est pas interdit d'ouvrir timidement la voie.

Nous sommes donc en face d'une tribu qui se trouve au nord du Tigré, bornée au nord par les Abyssins de l'Erythrée, à l'est par les Choos musulmans du bord de la mer Rouge, à l'ouest et au sud par l'Abyssinie proprement dite. Cette tribu est divisée en trois familles, les Edadghéda au nord (schismatiques), les Assabella (schismatiques) au sud, et entre les deux les Boknaïto (catholiques). Ces Irobs parlent la langue du grand peuple Choo, dont ils sont une ramification.

***

Un fait domine l'histoire ancienne de l'Abyssinie. Elle a été sillonnée par les Juifs, les Gaulois, les Grecs, les Egyptiens et les Romains, qui, tour à tour, sont venus s'y installer et y ont laissé d'incontestables traces, soit dans les mœurs, soit dans les monuments.

Dès Salomon, les immigrations israélites commencèrent. Le fils que le roi avait eu, dit-on, de la Reine de Saba (Makedda), fut élevé à Jérusalem et y fut sacré empereur d'Abyssinie sous le nom de David Ier. Il partit pour son royaume, accompagné d'Azariah, fils du grand-prêtre Tsadok.

Une légende raconte même qu'il apporta avec lui l'arche d'alliance et les Tables de la loi, légende certainement sans fondement. Une église d'Aksoum prétend bien détenir ce précieux dépôt ; mais personne n'y peut entrer, les prêtres assurent que tous ceux qui enfreindraient l'interdiction tomberaient morts sur-le-champ... Bon moyen pour écarter les regards indiscrets ! Quoi qu'il en soit, de nombreux juifs et des artistes phéniciens accompagnèrent Daouïd, qui prit le nom de Ménélick Ier. On attribue à Makedda, mère de ce prince, la loi prescrivant la circoncision, loi toujours en usage.

Une multitude d'autres coutumes juives sont entrées dans les mœurs et sont indéracinables : la prohibition des animaux impurs, l'observance du sabbat, les impuretés légales, le voile du temple, les amis de l'époux, et surtout ce pharisaïsme stigmatisé par Notre-Seigneur qui est le caractère particulier de la religion abyssine.

Des immigrants juifs vinrent souvent en Ethiopie ; les auteurs anciens prétendent que les eaux du Nil disparaissaient sous la forêt de leurs vaisseaux à voiles. Aujourd'hui, les Israélites forment un petit royaume indépendant dans la province du Sémien, on les appelle Félacha. Sont-ils nombreux? Il est difficile de répondre : Quelques-uns disent 80.000 ; l'année dernière, des rabbins venus d'Europe visiter les juifs d'Abyssinie déclarèrent au gouverneur de l'Erythrée qu'ils ne s'élevaient pas à plus de 13.000.

***

Que les Romains soient aussi venus errer dans ces parages, c'est encore évident. D'après l'histoire, Auguste envoya contre l'Ethiopie, en l'an 732 de

Rome, une expédition commandée par Pétronius, gouverneur d'Egypte ; mais elle n'avança que jusqu'à Napata dans la Nubie (Pline, VI, 35).

Néron envoya des prétoriens à la recherche des sources du Nil : mais peu de soldats dépassèrent l'île de Méroë, au delà de laquelle, selon Pline, ils ne trouvèrent que déserts. Cet auteur raconte encore que, sous le même empereur, on apporta à Rome une carte d'Ethiopie, qui n'allait guère plus loin que la Nubie.

*
* *

De même pour les Grecs. Ils avaient autrefois un commerce très actif dans la mer Rouge. Les Phéniciens vinrent naviguer jusqu'au golfe Persique. A la fin ils s'établirent sur les côtes du Chiré, où ils fondèrent de grandes et riches cités. Ces Phéniciens (Cananéens de l'Ecriture) étaient déjà sortis de l'Arabie soixante ans avant Salomon. Ils faisaient le commerce entre l'Ethiopie et l'Egypte. Les Grecs tinrent toujours un rang considérable dans le commerce le long de la côte africaine. Ce sont les Grecs Ptolémées qui creusèrent le port d'Adulis, au sud de Massaouah, et bâtirent des villes sur le continent. Comme je l'ai dit plus haut, au témoignage de plusieurs savants, les ruines d'Adulis, de Toconda, de

Cohaïto, sont certainement des ruines de monuments grecs.

Ces Grecs n'avancèrent-ils pas plus loin dans l'intérieur, spécialement dans le Tigré où nous sommes? Tout semble l'indiquer. A une heure d'Adigrat, on a découvert récemment les fondements d'un édifice qui semble bien indiquer le génie grec. En outre, des ruines se trouvent à quatre heures d'ici, dans le désert de Ourat-lé. Il y a là des pierres taillées, des fondements encore intacts, qui, certes, ne sont pas l'œuvre d'Abyssins modernes. Au même endroit, on a découvert récemment un grand vase de terre cuit au feu, que les enfants s'amusèrent à briser. On pourrait en fouillant trouver d'autres objets qui donneraient de précieux renseignements.

Ce qui est plus curieux encore, c'est que, dans le désert, vaste conque d'environ douze kilomètres de tour, d'énormes rochers sont tous creusés à l'intérieur en forme de voûte arrondie, ce qui ne semble pas naturel. A l'intérieur, des hiéroglyphes ont résisté aux injures des temps. Beaucoup, malheureusement, ont été effacés par les enfants ou par la fumée, car les pasteurs ont élu domicile sous ces voûtes. Néanmoins on en retrouve encore. La plupart sont faits avec une espèce d'ocre foncée, et incrustés dans le roc. Ils représentent surtout des vaches (sans bosse), des serpents, des étoiles, des symboles, des hommes armés de la lance et du bouclier. Peut-être sommes-nous en présence de traces laissées par des Egyptiens. Enfin l'on trouve, disséminés un peu partout, d'antiques tombeaux qui n'offrent aucune ressemblance avec ceux des chrétiens, moins encore avec ceux des musulmans. Ils ne présentent aucune architecture ni sculpture, aucune inscription qui puisse nous dire le nom du peuple qui les a élevés. Cependant, à les examiner de près, on conjecture qu'ils ont été dressés par des idolâtres.

Vous allez m'accuser de remonter au Déluge. Il le faut bien ; l'histoire a de ces exigences. Mais, maintenant, j'arrive au cœur de la question. La tribu des Irobs, au milieu de laquelle nous vivons, descend-elle en ligne directe de ces anciens colons abyssins ou faut-il lui donner une origine plus récente? Nous avons le pour et le contre, et je laisse à d'autres, plus compétents que moi en ces matières, le soin de trancher définitivement la question.

***

Un point semble à peu près hors de doute : c'est que nos Irobs ne sont pas issus des Abyssins proprement dits, mais d'une souche certainement européenne.

Quel fut leur ancêtre? un Grec? un Egyptien? un Syrien? un Gaulois? un Romain? Il nous est absolument impossible de trancher ce point. Mais la

Type Beni-Amer, des côtes de la mer Rouge.

seule inspection de leurs traits montre que l'on n'est pas en face d'Abyssins proprement dits, ni de rejetons de race sémite. Ils ont le corps élancé et une régularité de traits qui frappe celui qui les voit pour la première fois. Ils ne ressemblent ni aux Abyssins, ni aux Arabes, ni aux Danakils, ni aux Choos leurs voisins ; sans doute, parfois, par la fusion, ils dégénèrent, mais il y a des types vraiment européens.

Les géographes anciens et modernes nous parlent de l'antique nation des *Roms* ou *Roumis*, vaillants guerriers qui occupèrent le versant du nord des monts Ethiopiens où nous sommes. Où sont passés ces « Roms » ?

Le P. Martial est d'avis que, remontant la vallée du Nil, ils seraient allés fonder les tribus gallas et les Afars des bords de la mer Rouge.

M. Estevès Pereira, commentant la chronique de Socinios, écrit : « La situation du pays des « Oroms » ou « Roms » ou « Roumis » semble indiquer que ses habitants occupaient ce pays dès la première moitié du XVIIe siècle. »

Ajoutons à ces deux témoignages la tradition populaire de nos Irobs qui les fait descendre d'un certain « Romaouï » venu de Rome. Il faut ajouter que Rome, pour eux, est synonyme d'Europe. D'où venait cet étranger ? De la Grèce ? De l'Egypte ? De la Gaule ? De Rome ? On ne peut faire que des conjectures ; mais, étant donnée la prédominance des immigrations grecques, j'opinerais pour en faire un Grec.

CHAPITRE XIII

Comment l'Abyssinie est devenue chrétienne - Comment le schisme y pénétra - Tentatives successives des missionnaires catholiques pour s'y établir - Etat actuel

Dieu semble avoir eu pour l'Abyssinie une prédilection particulière. Dès Salomon, la chose n'est pas douteuse, une immigration juive vint annoncer à ce peuple le culte de Jéhovah qui remplaça le culte du serpent.

Le baptême, administré par saint Philippe à l'eunuque de la reine Candace est un fait raconté par les *Actes des apôtres*. C'était vers l'an 70. En ce temps-là une régente nommée Judith gouvernait le royaume d'Ethiopie. Les vieux auteurs l'ont appelé Candace et confondue avec les reines de Méroë. Le noble Ethiopien que baptisa saint Philippe était un de ses principaux officiers. Il se nommait Juda. Grand eunuque et surintendant du trésor royal, juif de religion, il revenait du temple de Jérusalem lorsqu'il fut rencontré par l'Apôtre.

***

Le silence se fit après cette première apparition, jusqu'en 341. Alors, sous le règne des deux frères Atsebaha et Abraha, la foi chrétienne fut définitivement introduite en Abyssinie, mais d'une façon fort singulière.

Un philosophe tyrien, nommé Métrodore, ayant entrepris un voyage sur la mer Rouge avec ses deux fils, Frumence et Edèse (que les Abyssins appellent Faramantos et Edisios), le vaisseau qui les portait aborda à Massaouah pour faire provision d'eau. Les habitants du pays tuèrent tous les passagers pour s'emparer du vaisseau. Pendant ce temps, les deux enfants s'étaient avancés sur la plage et, assis sous un arbre, ils lisaient et chantaient.

Les meurtriers revenant du carnage furent surpris de les trouver si tranquilles ; ils les conduisirent au roi Ela-Améda qui régnait à Aksoum. Ce prince fit d'Edèse son échanson et de Frumence son secrétaire ; à sa mort, ses deux fils Abraha et Atsebaha qui lui succédèrent leur continuèrent la même faveur et affection. Mais, peu après, les étrangers demandèrent et obtinrent la permission de retourner en leur pays. Edèse y resta.

Frumence, qui se sentait au cœur la flamme de l'apostolat, tout ému à la pensée des espérances que donnaient les germes de prédication qu'il avait semés en Ethiopie, alla à Alexandrie trouver saint Athanase et le supplia d'y envoyer un évêque. Le saint patriarche lui répondit comme autrefois Pharaon à Joseph : « Quel autre pourrions-nous trouver qui ait l'esprit de Dieu comme vous, et qui puisse exécuter de si grandes choses ? » Il l'ordonna prêtre, puis le sacra évêque.

Revenu en Abyssinie, Frumence s'établit à Aksoum, reçut le surnom d'Abba Salama et prit sur les deux princes une influence extraordinaire. Il les convertit et le peuple en masse les imita.

***

En 356, l'Empereur Constance, arien fanatique, envoya aux empereurs d'Abyssinie un évêque arien nommé Théophile, pour les engager à chasser « ce charlatan de Frumence ». Le nouvel arrivant fut très mal reçu, et se contenta de parcourir les rivages de la mer Rouge en répandant sur ses pas le poison de l'arianisme. Dioscore envoya un autre évêque, qui n'eut pas plus de succès que le premier.

Jusqu'au milieu du VIIe siècle, l'Abyssinie resta donc catholique et fervente, et cela sans évêque ; ce qui montre bien quelles profondes racines la foi avait poussées dans ce pays. Il est vrai aussi que, pendant ce temps, elle eut des rois très chrétiens, en particulier Caleb qui, sur la demande de l'empereur Justin Ier, alla en Arabie au secours des chrétiens homérites.

Pendant qu'en Egypte on tourmentait les catholiques, l'Abyssinie devenait l'asile des confesseurs persécutés pour leur foi, et elle couvrait les cimes de ses hautes montagnes de monastères dont les moines pratiquaient la règle des solitaires d'Egypte. Neuf d'entre eux sont restés célèbres. Ils vinrent en 470 sous le règne d'El-Méda, roi d'Axoum. Grâce à leurs exemples, l'Abyssinie resta dans la vraie foi ; mais, hélas ! l'heure allait sonner, où, après trois siècles de catholicisme, l'hérésie viendrait la mordre au cœur.

***

Vers le milieu du VIIe siècle, l'empereur d'Abyssinie envoya à Alexandrie des ambassadeurs pour demander un évêque dont son pays avait tant besoin. Arrivés au Caire, ces ambassadeurs y trouvèrent le perfide Abba Benjamin, qui, pour être libre et unique patriarche d'Egypte, avait fait chasser par les musulmans le patriarche catholique d'Alexandrie.

Ces pauvres gens, ne sachant où trouver le patriarche catholique, prirent avec eux l'évêque schismatique et hérétique que leur donna Benjamin.

C'est ainsi qu'ils ramenèrent dans leur pays un évêque eutychéen avec une douzaine de moines. Quand ils furent arrivés en Abyssinie, les disputes et les divisions commencèrent aussitôt. Beaucoup déclaraient qu'ils n'accepteraient jamais cette foi nouvelle. Mais l'évêque protesta qu'elle était presque la même que celle de Frumence, et que les quelques points de doctrine qui les séparaient n'étaient que des détails de peu d'importance. Les scrupules du peuple peu à peu disparurent, et petit à petit, l'Eglise abyssine glissa dans le schisme.

***

Tout semblait fini ; mais Rome était là. Mère vigilante, elle ne peut voir ses enfants mourir sans essayer de les arracher à la mort.

Vers la fin du XIIIe siècle, douze Dominicains entamèrent la lutte. Ils s'établirent dans le Tigré et fixèrent le centre de leurs œuvres à Golé-Mékada. Aujourd'hui, dans le creux d'une montagne, on y trouve encore les ruines de l'église qu'ils bâtirent.

Leurs conquêtes furent rapides et nombreuses. Toute la province se convertit avec son gouverneur. Mais le fanatisme des monophysistes suscita une persécution à outrance. Tous les missionnaires furent massacrés. Un grand nombre de fidèles réfugiés dans les flancs rocheux qui s'appellent aujourd'hui : Tesné, Baraka, Météra, y furent poursuivis et enfermés dans des cavernes, où ils moururent de faim. De là la dénomination de « Saints-Endormis » sous laquelle sont vénérés les ossements qu'on y retrouve en monceaux.

***

Un silence de plus d'un siècle s'étendit sur ces ruines.

Vers 1440, les Franciscains firent une apparition. Ils vinrent, hardis pionniers, reconnaître le terrain où ils devaient travailler plus tard. Pour tout résultat, ils remportèrent en Italie les empreintes de leurs chaînes et le souvenir de leurs souffrances. Le P. Thomas de Scarlino mourut inconsolable de n'avoir pas cueilli la palme du martyre.

Aux XVIe et XVIIe siècles, les Jésuites arrivent.

Les PP. Baïva (1490), Pierre Covilham (1490-1499), Alvarez, Andrad, Bermudez (1520-1542), servent d'avant-garde aux portugais Lopez et Oviedo, envoyés par Paul V. Ils eurent vite gagné les sympathies par leur humilité, leur patience, leur charité.

Après eux se signale le P. Paëz (1603-1624), dont le zèle convertit l'empereur Socinios, que son peuple suivit en masse. Déjà des régions entières étaient instruites, quand la mort arrêta l'apôtre.

La disparition de son prestige permit aux chefs de la caste restée hérétique de se ressaisir et de préparer leur vengeance. Ils réussirent à intimider l'empereur Basilidès, qui, par un édit de proscription, condamna au bannissement ou à la mort le patriarche catholique, les missionnaires et les prêtres indigènes convertis.

Presque tous, avec une foule d'Abyssins restés fidèles, périrent dans des scènes horribles, où le paroxysme de la folie et de la fureur fit des milliers de martyrs.

Les monuments qui subsistent à Frémona, près d'Adoua, et à Gorgora dans le Dembéa, témoignent encore aujourd'hui des succès considérables des Pères Jésuites. Tout un siècle de fructueux labeur s'éteignit dans le sang.

Pendant que les derniers Jésuites fuyaient dans les bois et les montagnes, traqués comme des bêtes fauves, Rome préparait l'envoi de recrues nouvelles. Les Capucins du Caire et les Franciscains de Jérusalem ne demandaient qu'à partir.

***

En 1633, deux d'entre eux purent parvenir jusqu'à Massaouah. Là, ils se mirent à travailler pour vivre, exerçant durant dix années la profession de gaufreurs sur cuivre. A la fin, découverts par les espions du roi, ils furent tués dans leur maison, et on envoya leurs têtes au Négus.

En 1638, arrivèrent à Massaouah deux autres fils de saint François que l'Eglise a récemment placés sur les autels, les Bienheureux Agathange et Cassien. Ils eurent la chance de pénétrer jusqu'à Débaroua (Erythrée), à six journées de la côte. Mais là, découverts par un chef, ils furent gardés un mois en prison, puis, attachés à la queue d'un mulet, ils furent conduits jusqu'à Gondar, où le martyre les attendait.

Ils allèrent joyeux au supplice. Arrivés près de la potence, ils s'aperçurent qu'on avait oublié les cordes pour les pendre. Alors ils s'écrièrent :

« — Mais, est-ce que nos habits ne sont pas ceints de cordes ? »

Et ce fut avec leur propre corde qu'ils furent pendus.

Sur ce, l'*Abouna* (évêque schismatique) arriva :

« — Que tous ceux qui ont du zèle pour la foi, hurla-t-il, jettent des pierres aux pendus ! Je l'ordonne sous peine d'excommunication ! »

Une pluie de projectiles vint alors déchirer en lambeaux le corps des deux agonisants.

On les détacha ; mais la grêle de pierres qu'on continua à leur lancer forma un amoncellement qui surpassait de deux fois la taille d'un homme.

Le soir suivant, apparut dans les airs une grande croix lumineuse dont la clarté persista durant plusieurs jours.

***

Le sang des martyrs est une semence de chrétiens.

A la nouvelle de la mort des deux Capucins, éclata, dans toutes les maisons de l'Ordre séraphique, particulièrement dans celles de la province de Touraine, un magnifique élan d'enthousiasme. Les Pères se disputaient l'honneur d'aller prendre la place des soldats tombés sur le champ de bataille. L'histoire est muette sur l'issue des tentatives faites alors.

On sait seulement que, quelques années plus tard, les PP. Henri de Montbazon et Tranquille d'Orléans pénétrèrent en Abyssinie comme médecins envoyés par Louis XIV ; mais ils furent reconduits plus ou moins poliment à la côte.

D'après la *Storia delle Missioni*, deux autres Capucins, les PP. Chérubin et François, ayant tenté de pénétrer dans ce pays impénétrable, en passant par la côte des Somalis, furent massacrés dès leur arrivée à l'intérieur.

***

Rome favorisait de son mieux toutes les tentatives qui avaient des chances d'aboutir. C'est ainsi qu'elle créa la mission des Carmes, sous la direction du P. Jacques Womers, flamand, nommé à cet effet évêque du Caire. Mais ce missionnaire mourut à Naples au moment où il allait s'embarquer.

Deux autres expéditions furent encore faites avant 1670. Une seule arriva jusqu'à Suez et ne put aller plus loin.

Après ces dix tentatives héroïques, on s'arrêta. Il était sage de ne pas sacrifier inutilement des vies humaines. On attendit que la Providence ouvrît elle-même les portes du royaume qui s'obstinait à rester fermé. Dès lors isolée, comme par un cercle de fer, de tout autre pays que l'Egypte, l'Ethiopie redevint pour l'Europe une contrée ignorée et impénétrable (1).

***

Il faut arriver au XIXe siècle pour voir se renouveler les assauts livrés à la forteresse du schisme abyssin.

---

(1) Si le lecteur veut étudier à fond l'histoire religieuse de l'Abyssinie, il peut compulser l'Histoire politique et religieuse de l'Abyssinie, par le P. Coulbeaux, lazariste. Trois gros volumes (Geuthner, 13, *rue Jacob*, Paris) 1929.

De 1839 à 1846, furent entreprises deux campagnes ayant l'Ethiopie pour objectif.

Mgr de Jacobis, Lazariste italien, dirigea les opérations du côté du Nord, et Mgr Massaïa, capucin, du côté du Sud.

Ce dernier, pour pénétrer chez les Gallas, se fit couper la barbe, s'habilla en marchand, et son paquet sur l'épaule se déguisa si bien qu'il finit par s'implanter dans le pays. Ses frères, au milieu des persécutions continuelles, marchent encore sur ses traces et continuent vaillamment son œuvre.

Mgr de Jacobis s'installa d'abord tout seul à Adoua, au milieu d'une population dont il ne connaissait pas la langue et qui ne lui ménageait pas les injures ; mais son humilité, sa douceur et sa charité finirent par lui gagner tous les cœurs. Au bout de six mois, il put impunément dévoiler sa qualité de prêtre. L'ascendant qu'il avait pris était tel qu'il ne tarda pas à avoir des disciples.

Mais en 1845, la persécution commença. L'évêque schismatique, furieux des conquêtes faites par l'apôtre, prononça contre lui la sentence d'excommunication :

« Chrétiens, disait-il, écoutez tous. Moi, Salama, j'excommunie quiconque reçoit le *frendji* Jacob, quiconque lui offre en voyage du pain ou de l'eau, quiconque le salue, quiconque lui apporte du bois, quiconque accepte de lui un présent ou une aumône, car il dit : « Léon est saint, et Dioscore est impur. »

Malheureusement, l'Abouna et ses deux frères, ayant commis l'imprudence de recevoir des présents de Mgr de Jacobis, étaient eux-mêmes atteints par la sentence d'excommunication. Ce détail ne contribua pas peu, quand on l'apprit, à ruiner l'autorité de l'*Abouna*.

***

En 1847, une nouvelle sentence d'excommunication fut publiée sur tous les marchés de l'Empire, et cela, à cause de l'arrivée de Mgr Massaja. Le prélat n'échappa que par miracle aux soldats lancés contre lui. Mgr de Jacobis, de son côté, s'enfuyait précipitamment de Gouala avec tous ses élèves, et dut venir se cacher dans les déserts d'Alitiéna.

En 1850, l'*Abouna*, de plus en plus furieux, fait arrêter, emprisonner et torturer des catholiques, qui, finalement, sont relâchés après avoir bravement confessé la foi. En 1851, deux prêtres indigènes sont incarcérés. Mgr de Jacobis voit sa maison d'Alitiéna cernée par les troupes ; il s'enfuit encore avec tout son monde et, après avoir erré longtemps, il finit par un coup d'audace, en allant lui-même se plaindre au ras Oubié. Il s'attendait à être enchaîné ; mais le prince le reçut fort courtoisement et lui permit de confondre devant lui tous ses accusateurs.

En 1854, Kassa, couronné empereur sous le nom de Théodoros, bannit Mgr de Jacobis ; mais l'infatigable apôtre s'introduisit de nouveau en Abyssinie pendant qu'à Gondar Abba Ghébré-Mikaël et ses quatre compagnons confessent la foi au milieu des tortures.

Un peu de paix suivit cette rafale ; mais en 1860, pendant que Mgr Biancheri bâtit une église à Kéren où les œuvres prospèrent, Mgr de Jacobis et la plupart des catholiques de l'intérieur sont obligés de s'enfuir à Massaouah pour échapper à la tyrannie de Théodoros et c'est en revenant de cet exil que le vénérable évêque, brisé de fatigue, mourut le 18 juillet 1860.

La succession de Mgr de Jacobis échut naturellement à Mgr Biancheri. Pendant quatre ans, une paix relative permit aux missionnaires de reprendre possession de leurs postes ; mais, dès 1864, l'évêque, obligé de fuir les émissaires de Théodoros chargés de l'arrêter, arrive à Massaouah, où il meurt presque subitement, épuisé de fatigue, le 11 septembre.

A Mgr Biancheri succéda Mgr Bel. Deux terribles fléaux, d'abord le choléra, puis la guerre civile, s'abattirent sur le malheureux pays ; après quoi la famine survint. C'est après avoir connu toutes ces misères que Mgr Bel succomba à Alexandrie le 1er mars 1868.

***

En même temps que Mgr Touvier prend la direction de la mission abyssine, la persécution recommence. Un édit ordonne aux missionnaires de quitter immédiatement le pays ; les prêtres indigènes doivent être enchaînés et conduits en prison ; les catholiques verront confisquer leurs biens et auront les mains coupées. Quatre des principaux catholiques d'Halaï et de Maharda s'offrent comme caution pour tous le pays ; ils sont conduits au camp d'Aréa envoyé par Kassa.

Ce chef, entouré d'une multitude de soldats, procède à leur interrogatoire :

« Voici, dit-il, les ordres du prince Kassa : « Renoncez à la foi des *Frendji*, revenez à la religion « de l'*Abouna.* »

Le chef des quatre vaillants catholiques fit alors cette fière réponse :

« Notre tête est à Kassa, notre cou à Kassa, notre main à Kassa, nos biens sont à Kassa ; mais notre âme est à Dieu ! Jamais, nous n'abandonnerons la foi que nous avons reçue ! »

Ils furent enchaînés ; mais peu après l'intervention du consul de France à Massaouah les délivra.

Un peu de paix se produisit ensuite. Les princes Kassa et Gobèzié étaient occupés à se disputer le trône de Théodoros renversé par les Anglais.

Finalement, Kassa l'emporta et Mgr Touvier écrivait le 23 juillet 1871 :

« Kassa, avant sa victoire, avait déjà juré de nous détruire : maintenant qu'il possède l'empire d'Ethiopie, et qu'il croit devoir son triomphe à sa piété et à ses moines, je vous laisse à penser ce que nous allons devenir. »

Le 6 août, M. Barthez s'enfuit de Saganeïti. Les troupes de Kassa arrivaient ; et, le 15 août, trois églises et la résidence d'Halaï étaient livrées aux flammes. Bientôt Degra, Saganeïti, Hébo, etc., ont le même sort. Le fruit de quarante années de pénible apostolat était anéanti en quelques jours ; mais à la lueur des flammes qui consument les maisons et les églises, la vérité brillait jusqu'aux provinces les plus reculées de l'Empire, et la ferme intrépidité des catholiques, préférant vivre dans les déserts comme des fauves plutôt que de s'exposer à renier leur foi, était un spectacle bien consolant pour le cœur des ouvriers de l'Evangile.

Pendant ce temps, Mgr Touvier allait essayer de s'établir dans l'Amhara. Un bien immense à faire et beaucoup d'espérances l'y attiraient. Mais bientôt, malgré l'assurance solennelle d'amitié que le Ras Ouaregna lui avait donnée, une troupe de soldats vint l'attaquer. Chassés de partout, les missionnaires se replient sur le Tigré (1872).

***

Une accalmie assez longue permet ensuite de relever les ruines et de se remettre au travail. Les églises sont rebâties, les chrétiens se multiplient ; on rétablit la mission d'Alitiéna, plus ou moins délaissée jusqu'alors ; la maison de Kéren prospère.

Puis, en 1875, Mgr Touvier écrit :

« Le bras de Dieu s'est de nouveau appesanti sur nous. Au moment de recueillir la moisson jaunissante, nous voici en face de la persécution, de l'exil, de la destruction ; Kassa est revenu. »

Le 16 novembre, ce prince remportait une éclatante victoire sur les Egyptiens. Dès lors Kéren était menacé ; deux confrères y restent seuls, attendant les événements. Le missionnaire d'Hébo s'enfuit avec ses chrétiens, et on tremble pour la mission d'Alitiéna.

En 1875, les Filles de la Charité viennent s'établir à Kéren ; la paix se fait, l'Empereur Joannès devient presque bienveillant et les œuvres prospèrent.

***

En 1881, le 28 mai, Mgr Touvier arrive à Alitiéna. Quatre jours après, dès l'aurore, une soixantaine de soldats cernent sa maison. Ils laissent l'évêque achever la messe qu'il avait commencée ; mais, de suite après, ils se saisissent de lui et l'entraînent au dehors. MM. Coulbeaux et Barthez partagent son sort ; un Frère, pris aussi et complètement dépouillé de ses vêtements, dut se faire un pantalon avec un journal. Un autre missionnaire se cacha derrière des rochers, où il resta deux jours sans boire ni manger ; on ne lui avait laissé qu'une peau de mouton pour se couvrir. L'église fut brûlée et les quatre missionnaires, dont deux marchaient nu-pieds (chose horrible en ce pays-ci), furent conduits chez le chef, où ils restèrent prisonniers. Ils furent délivrés grâce à la chevaleresque intervention d'un voyageur, M. Abargues de Sosten, qui, se présentant comme consul d'Espagne, ne craignit pas de menacer le chef des colères de son Roi s'il ne rendait pas la liberté aux prisonniers.

Quelque temps après, un vieux prêtre abyssin catholique, Abba Ghébré-Mariam, deux fois confesseur de la foi, était pris et traduit devant le roi :

« — Tu es un renégat, lui dit le tyran ; je vais te faire tuer si tu ne redeviens orthodoxe.

« — Tu peux me faire tuer, répondit le vieux prêtre ; mais je ne crains pas la mort et tu ne me feras pas changer de religion.

« — Oui, je te tuerai ; mais, auparavant, je te martyriserai, je te ferai souffrir cruellement.

« — J'ai déjà été martyrisé ; si j'ai encore à souffrir, que la volonté de Dieu soit faite ! »

Le roi ordonna de l'attacher sur deux poutres, de lui serrer fortement les pieds avec des chaînes de fer, de lui mettre aussi des chaînes aux poignets et au cou, puis de l'exposer au soleil et à la pluie sans rien lui donner à boire ou à manger.

« Quand je le vis ainsi traité, écrit le consul d'Espagne, mon cœur bondit de colère. Je ne pus m'empêcher de murmurer tout haut en serrant les poings : « 10.000 soldats et quelques batteries, voilà ce que, « au lieu de présents, on devrait t'envoyer d'Europe, « ô roi Jean ! »

Il fit démarches sur démarches pour arracher à la mort le vénérable vieillard et, après une semaine de pourparlers, il eut le bonheur de réussir.

En 1882, M. Coulbeaux écrivait :

« Pour l'heure, nous sommes expulsés violemment de l'Agamié, d'Alitiéna et de l'Akélé-Gouzay. Ordre est donné par le roi au *choum* Agamié de faire apostasier nos chrétiens et, en cas de refus, de confisquer leurs biens.

Quelques catholiques de l'Agamié furent arrêtés, le presbytère et l'église d'Halaï furent pillés ; en même temps Kéren était menacé. L'arrivée d'un nouveau consul de France arrangea un peu la situation presque désespérée.

*
* *

La paix dura deux ans. En 1884, le Ras Aloula recommença à persécuter les catholiques à Kéren ; il fit arrêter des prêtres, força les catholiques d'Halaï à s'enfuir encore dans les déserts ; Akrour fut pillé, Kéren fut encore une fois menacé. Puis le calme revint.

Mais l'orage devait éclater. Le 23 août 1887, la maison de Kéren fut subitement cernée par 500 soldats dont l'apparition inattendue annonçait de sinistres projets. Les 40 séminaristes, les orphelins, les prêtres, les serviteurs furent conduits, enchaînés, au camp du Ras Aloula. Après un interrogatoire sommaire, le maître de chant de la mission reçut 143 coups de cravache ; après quoi, le ras lui demanda :

« — Quelle est la véritable Eglise ?

« — C'est l'Eglise catholique ! »

A ces mots les coups recommencent, le sang ruisselle, les chairs se détachent, le patient tombe en défaillance.

L'année suivante, Mgr Touvier expirait de fatigue, en plein désert, aux environs de Massaouah (3 août 1888).

Mgr Crouzet, actuellement vicaire apostolique du Madagascar sud, le remplaça.

L'avènement de Ménélik au pouvoir rendit enfin la paix au pays.

***

De 1888 à 1895, sept missionnaires sur onze avaient succombé ; mais les vides se comblaient bien vite !

Jusqu'en 1894, la mission fut tranquille et prospéra. Lorsque l'Italie eut pris possession de l'Erythrée, les Lazaristes quittèrent le pays (4 février 1894) et les Capucins de la province de Rome les remplacèrent. Nous conservions encore Alitiéna et Gouala en dehors des frontières italiennes, et en 1897, trois Lazaristes, obligés de faire un grand détour par le sud, revinrent occuper ces deux postes, après quatre-vingt-dix jours d'un voyage que les *Missions Catholiques* ont raconté.

Voilà donc la mission des Lazaristes reconstituée autour de ces deux petits centres, surtout à Alitiéna, pays affreusement désert, où les missionnaires espéraient avoir un peu de tranquillité !... Mais, pas du tout ! La persécution ici est à l'état endémique, on ne sort d'une crise que pour retomber dans une autre.

***

Trois ans de calme, juste le temps de relever les ruines, et en 1901, le *dedjaz* Hagos, après avoir chassé les missionnaires des deux postes de l'Agamié, écrit à Alitiéna cette lettre curieuse :

« Que cette lettre parvienne à *Abba* Picard. Comment allez-vous? Moi, grâce à Dieu, je vais bien. Afin d'établir sur des bases fixes nos relations amicales, voici les ordres que je donne et vous communique. Défense à tout Irob d'être employé chez vous à aucun travail, de servir à aucun message et de vous aider en quoi que ce soit. »

M. Picard alla trouver le Dedjaz, et lui déclara qu'il en appelait au Ras Ouolié.

Le Dedjaz répondit :

« Vous irez voir le Ras quand je vous le dirai. Je vais, en attendant, détruire votre maison et votre église d'Haïga. »

Il vint lui-même à Alitiéna et défendit à la population d'apporter quoi que ce fût, eau, bois, feu, aux missionnaires. C'était forcer les missionnaires à partir. Ils partirent donc. Mais, fils de la « recommenceuse » éternelle, ils revinrent la même année le 15 octobre.

Le Dedjaz Hagos fut puni par le roi.

***

Seront-ils tranquilles désormais ? Non, pas encore! Trois ans après, le roi, à l'instigation de l'évêque schismatique, envoie au *choum* Agamié Desta l'ordre de nous chasser.

Ce chef, notre ami, refuse obstinément de lire la lettre royale. Il en connaissait le contenu et, s'il l'avait lue, il eût été obligé d'obéir.

Pendant ce temps, on avertissait le ministre de France à Addis Abéba, qui obtint le retrait de l'édit d'expulsion. Nouvelles persécutions en 1913, puis en 1916. Ce fut tout. L'Abyssinie, aujourd'hui entrée dans la Société des Nations, a définitivement renoncé aux persécutions brutales. La liberté viendra, mais lentement.

CHAPITRE XIV

Triste état de l'Église d'Abyssinie
Erreurs
Administration des Sacrements
État des mœurs

Maintenant, passons en revue les ruines que le schisme a accumulées dans ce malheureux pays !

C'est l'inévitable sort des Eglises qui se séparent de Rome de tomber si bas qu'on les croirait mortes. Elles sont réduites à l'état de momies ; *nomen habes quod vivas et mortuus es*. Au dehors elles semblent vivre encore ; mais, au dedans, on ne trouve que la pourriture du tombeau ! Ne dit-on pas sur tous les tons que l'Abyssinie est chrétienne? Eh bien, voyons ce qu'elle a conservé de la foi que lui prêcha saint Frumence.

***

C'est M. Coulbeaux qui va nous renseigner.

« Sous des signes extérieurs et des apparences qui frappent et en imposent, l'observateur attentif ne découvre en ce pays qu'un christianisme faible et sans profondeur, qui s'attache à l'accessoire et oublie l'essentiel, qui est esclave d'une foule de pratiques religieuses et ne se fait aucun scrupule de fouler aux pieds les préceptes les plus graves de la loi divine. En un mot, ce christianisme étroit et superficiel apparaît comme une forme de la religion orientale et du pharisaïsme. Objectivement, la religion des Abyssins a pour code la loi dogmatique et naturelle de l'Eglise copte, s'accommodant de coutumes judaïques et de superstitions païennes. Subjectivement, comme chez tant d'autres Orientaux, c'est un sentiment religieux, une religiosité plutôt que la foi vive et pratique qui commande ses devoirs au chrétien.

« Quand vous mettez le pied en Abyssinie, on vous montre de toutes parts des sanctuaires, qui ne sont pas et ne peuvent être, vu leur construction, les « maisons de Dieu » où l'on s'assemble pour entendre des instructions, recevoir les sacrements et prier en masses pressées. Ce sont des masures exiguës, grossières, inhabitables, indignes de Dieu... Chaque matin, les prêtres y balancent leurs encensoirs à grelots et en font le tour en répandant la fumée de l'encens et les formules de prières, le long des couloirs sombres qui environnent le temple. Le peuple en baise les murs extérieurs, se prosterne sur le seuil, et quelquefois, le dimanche ou le jour de certaines fêtes, y fait station, pendant que les clercs chantent et dansent au son du tambour et des cymbales.

« La religiosité des Abyssins, entrant routinièrement dans les plus petits détails de leur vie domestique et sociale, et se mêlant à leurs actes, devient, par ces observances de pure forme, comme une parodie inconsciente des choses saintes.

« Surpris par l'air de gravité solennelle naturel aux Orientaux, le touriste de passage croit facilement à la sincérité de ces observances religieuses. Dans la vie privée, dans l'intimité, la conscience des Abyssins est relâchée, et leurs mœurs, qui paraissent sévères, sont en réalité d'un dissolu sans-gêne.

« En résumé, piété d'ostentation et de parade qui, à l'intérieur, n'a rien de solide ni de sérieux, rigoureuse fidélité aux observances rituelles marchant de pair avec tous les désordres ; alliances monstrueuses de la religiosité avec les vices les plus révoltants ; jeûnes, absolutions, aspersions d'eau bénite, se mêlant à tous les excès ; le nom béni de la Vierge se croisant avec les plaisanteries les plus éhontées, voilà ce que la sincérité véridique oblige à déclarer sur la religion d'Abyssinie. » (M. Coulbeaux, dans les *Missions catholiques au XIXe siècle.)*

Ce jugement porté par un missionnaire qui a passé trente-trois années dans ce pays, est de taille à renverser bien des illusions ; mais combien tristement véridique ne va-t-il pas vous paraître quand vous aurez pris connaissance des détails qui vont suivre !

1° Erreurs.

Heureux les peuples qui vivent dans l'atmosphère de la foi ! Malheureux ceux qui l'ont rejetée, ou qui l'ont tellement défigurée qu'on ne la reconnaît plus !

Dans son *Histoire de l'Ethiopie,* M. L. Marié écrit :

« Le fond de la croyance est le même chez les Abyssins que chez les catholiques romains, et nous adorons les uns comme les autres, un seul Dieu éternel et tout-puissant. »

Nous allons voir si le fond de la croyance est le même. Sans doute leur Dieu est le même que le nôtre ; mais que de divergences entre eux et nous ! Notons les principales :

1° Ils sont partisans d'Eutychès qu'ils condamnent et de son disciple Dioscore qu'ils ont canonisé.

Vous leur demandez :

« — Jésus-Christ est-il Dieu?

« — Oui.

« — Est-il homme?

« — Oui !

« — Donc, il a deux natures ?

« — Non ! une seule ! »

Impossible de les faire sortir de là !

2° Le Saint-Esprit, disent les Abyssins, ne procède pas du Fils, mais du Père seul. — Cette erreur leur vient des Grecs.

3° Dieu a un corps matériel. Ne dit-on pas dans la Bible qu'il a des mains, des yeux, etc. ?

4° Ce sont les parents qui donnent l'âme aux enfants, et leurs docteurs se servent pour cela d'une comparaison assez gentille : « Approchez une bougie d'une autre bougie allumée, cette dernière communiquera sa propre lumière sans diminuer la sienne. »

N'est-ce pas que ce n'est pas trop mal trouvé ?

Et ils ajoutent : « De même qu'une lumière claire et propre ne reçoit pas les souillures d'une lumière obscure et sale, de même l'âme des enfants ne prend pas le péché des parents et naît innocente ; mais elle perd son innocence en s'unissant au corps, car alors elle fait un acte d'abjuration ! »

Comment ? Pourquoi ? Ils ne le savent pas.

5° Ils n'admettent pas le purgatoire. Les âmes, au sortir de ce monde, ne vont ni en enfer ni au ciel ; elles restent « sur le bord » de l'un ou de l'autre jusqu'au jour du jugement dernier. N'empêche pas qu'ils font des « *teskar* » ou fêtes des morts, fêtes qui, selon eux, ont le pouvoir de faire sortir l'âme de l'enfer.

Saint Michel va de temps en temps faire un tour en enfer et en retire les âmes qui ont eu pour lui de la dévotion.

6° Il est évident que pour eux le Pape est un simple évêque. — D'après eux, saint Léon a été chef de l'Eglise à Rome. Mais comme il s'est trompé en proclamant deux natures en Notre-Seigneur, son pouvoir lui échappa et alla se transplanter à Alexandrie, dont, disent-ils, les patriarches n'ont jamais erré ! Le chef suprême de l'Eglise de Dieu, pour eux, est donc le patriarche copte d'Alexandrie.

7° Un des grands griefs qu'ils nous font est de ne pas sanctifier le samedi ; pour eux, c'est comme un « petit dimanche », et ils ne peuvent travailler ce jour-là. Ajoutons, en passant, qu'ils ont des jours fériés en si grand nombre que, pendant deux tiers de l'année, tout travail est interdit.

8° Quelques-uns disent encore : « La divinité est née, la divinité est morte ! »

9° Enfin ce qui les divise surtout, c'est la question de savoir comment s'est faite l'onction de la grâce en Jésus-Christ. Là-dessus, ils sont partagés en trois sectes : les Kebeat, les Oueld-Keb et les Tsegga-Lidj. Je vous fais grâce de toutes les explications, confusions et hérésies qu'ils amènent sur ce sujet. La plupart n'y comprennent rien ; n'empêche qu'ils n'en sont pas moins capables de passer une journée entière à discuter sur ces questions.

Les méfaits qu'ils nous reprochent sont nombreux. « Vous ne communiez que sous une seule espèce, nous disent-ils ; c'est un péché. Vous ne dites la messe qu'avec un seul célébrant. Vous consommez du tabac. Vous ne jeûnez pas comme nous. Vous faites vos hosties avec du papier. Vous mangez des animaux impurs. Vous dites la messe après avoir mangé (nous voyant donner le salut du Saint-Sacrement après midi, ils prennent cela pour la messe) », etc...

La seule chose qu'ils trouvent bonne chez nous, c'est l'unité du mariage ! Ils admirent ce point de notre discipline, mais sans avoir la plus petite velléité de l'imiter.

Pour le tabac, ils ont leur façon à eux de prouver qu'on ne doit pas en prendre. Au Vendredi-Saint, paraît-il, tous les arbres de la terre ont séché de douleur... excepté le tabac, qui s'est donc révolté contre Dieu. Enfin, pour étayer cela sur un texte d'Ecriture Sainte, un de leurs *deftéras* a trouvé celui-ci : « Les Ethiopiens se prosterneront devant lui, et ses ennemis lécheront la terre. » Or cette dernière expression (lécher la terre), selon eux, s'applique au tabac ; le tabac ressemble à de la terre ! Donc ceux qui lécheront la terre (traduction : mangeront du tabac), seront les ennemis de Dieu. Le roi Jean, voulant appuyer de toute son autorité cette défense, faisait couper le nez à ceux qui prisaient, et les lèvres à ceux qui fumaient.

Il nous arrive parfois des schismatiques, qui, disent-ils, ont fort envie de se convertir... Savez-vous pourquoi ? Parce que, dans notre religion, on ne défend pas de « manger du tabac ». Voilà un « motif de crédibilité » auquel je n'avais pas songé autrefois en étudiant la théologie.

***

Si je ne craignais de vous ennuyer, je vous citerais tout un monceau de légendes, écloses dans leur imagination et auxquelles ils croient autant qu'à l'Évangile.

Quelques-unes, seulement.

Saint Abba naquit un jour de Noël, à minuit ; il vécut dans les montagnes, gardé et servi par les lions. Après sa mort, les anges le transportèrent à Jérusalem, et l'ensevelirent dans le sépulcre même de Notre-Seigneur (1200).

Un de leurs saints convertit un jour Satan lui-même ! Rude besogne ; Satan vécut pendant quarante ans dans le désert menant une vie fort édifiante ; mais au bout de ce temps, il redevint Satan comme auparavant. Pauvre diable !

Un autre saint avait le pouvoir de se rendre à Jérusalem pour y célébrer la messe sur le Saint Sépulcre et de revenir dans la même journée. Pour faire un si long voyage en si peu de temps, il montait à califourchon sur une cigogne.

Le monastère de Dèbrè-Damo, situé au sommet d'un plateau affreusement escarpé, n'est accessible qu'en se hissant au moyen d'une corde. Abouna Aragaoui, un saint moine, cherchant une retraite, trouva ce grand rocher et voulut en faire l'ascension ! Comment s'y prendre? Pas d'ascenseurs, pas d'aéroplanes ! Heureusement un serpent très complaisant lui prêta sa queue, à laquelle il s'accrocha, et put monter jusqu'en haut. Après cette ascension, Abouna Aragaoui lança une corde dans le vide, grâce à laquelle ses disciples le rejoignirent et le monastère fut fondé. Ce mode d'ascension existe encore de nos jours ; le couvent est célèbre, il compte plus de trois cents élèves, on remplace la corde... quand elle s'est cassée ! Ce même saint Aragaoui resta sept ans, un pied dans un marais et l'autre levé en l'air ! pendant tout ce temps, il ne mangea qu'un petit pois ! ! !

***

Ce qui porte au comble le désordre dans la pauvre Eglise abyssine, c'est que souvent les négus, à l'exemple des empereurs de Byzance, se mettent à légiférer sur la religion.

Théodoros, le revolver au poing, imposait sa croyance à ses sujets. En même temps, il publiait cet édit : « Celui qui n'embrassera pas la religion de l'*Abouna* Salama, le père de mon âme, aura le pied et la tête coupés. »

La croyance imposée par lui se réduisait à la proposition suivante :

« Jésus-Christ en tant qu'homme est Dieu. Son humanité est aussi savante que Dieu le Père et Dieu le Saint-Esprit. »

2° LES JEUNES.

C'est surtout dans la pratique du jeûne et de l'abstinence que se révèle le pharisaïsme de cette religion toute d'extérieur.

« Jeûne et fais ce que tu voudras ! » Voilà, à peu près, en pratique l'essentiel de ce que les Abyssins ont conservé des commandements de Dieu et de l'Eglise ; le reste, pour eux, est à peu près lettre morte.

Ils ont environ deux cents jours de jeûne par an :

1° Le jeûne de Ninive (trois jours), deux semaines avant le jeûne d'Héraclius ;

2° Le jeûne d'Héraclius (huit jours), pendant la semaine qui précède le carême ;

3° Le carême (sept semaines) dure jusqu'à la Semaine Sainte inclusivement. Le dimanche pourtant, il n'y a qu'abstinence. De même ceux qui ont fait le jeûne d'Héraclius sont exempts de l'absinence du samedi. De Pâques à la Pentecôte, vacances. Il n'y a pas un seul jour de jeûne ni d'abstinence ;

4° Du lundi de la Pentecôte au 11 juillet inclusivement, jeûne des Apôtres. Sa longueur varie suivant les années : en 1907, il a été de dix-huit jours ; en 1915, de quarante-neuf jours ;

5° Jeûne de l'Assomption, qui commence le 7 août et dure jusqu'à la veille de l'Assomption (21 août) ;

6° Le jeûne de Kouskouam (nom du lieu où ils croient que la Sainte Famille s'arrêta en Egypte). Il commence le 6 ou le 7 octobre et va jusqu'au 15 ou 16 novembre ;

7° Le jeûne de l'Avent, qui commence le 24 ou 25 novembre, et dure jusqu'à Noël (7 ou 8 janvier) ;

8° Enfin le jeûne de la vigile du baptême de Notre-Seigneur, le 18 ou 19 janvier. Ajoutez à tous ces jeûnes, celui de chaque vendredi et de chaque mercredi, excepté de Pâques à la Pentecôte.

Les Abyssins ne sortent donc d'un jeûne que pour retomber dans un autre !

Et quel jeûne ! Jusqu'à midi selon les uns, jusqu'à 3 heures selon les autres, on ne doit même pas avaler une goutte d'eau ; mais ensuite, à la mode musulmane, on peut boire et manger (de ce qui est permis), jusqu'à minuit, autant que l'on veut ! — On voit des fanatiques fermer la bouche quand il pleut, de peur qu'une goutte ne vienne à rompre le jeûne.

***

Enfin, j'aurai tout dit si j'ajoute que, quand il y a en même temps jeûne et fête d'obligation — ce qui n'est pas rare — on ne peut commencer la messe que vers trois heures : en avalant les saintes espèces, le jeûne serait violé ! De plus, si l'on a le malheur (ou le bonheur) de transgresser la loi du jeûne une seule fois, tout est rompu, on n'y est plus tenu jusqu'à la fin du jeûne commencé. Dans les couvents, le supérieur accomplit cette loi tout seul, et tous les jours de l'année, il se mortifie pour ses subordonnés.

3° Administration des sacrements.

Nous abordons ici une question bien grave et bien triste. Les sacrements de vie sont devenus pour les Abyssins presque des sources de mort.

Le *baptême* est d'une validité au moins douteuse. Le mode d'administration varie presque avec chaque église. La plupart du temps, on récite d'abord les prières, et l'enfant est plongé ensuite dans un baquet d'eau. Donc il n'y a pas union de la matière et de la forme, et cette forme elle-même varie...

***

Immédiatement après le baptême, le prêtre donne la *confirmation*, avec de l'huile non bénite ; un célébrant lit des formules, un autre oint l'enfant.

Avant de venir à l'église, l'enfant a déjà reçu un nom dans sa famille. C'est ordinairement la première parole qui sort de la bouche de la mère ; il va sans dire qu'il n'y a là rien moins qu'un nom liturgique. Au baptême, les enfants reçoivent un autre nom plus ecclésiastique qu'ils conservent d'habitude.

Tous les prénoms, à peu près, sont religieux, c'est même quelque chose de frappant ; mais, hélas ! ce n'est pas le nom qui fait l'homme. En voici quelques spécimens : « Fils de Marie », « Esclave de Marie », « Dimanche de Marie », « Fils de saint Michel », « Epée de saint Michel », « Aile de saint Michel », « Plante de la Foi », « Colonne de Marie », « Fils d'Abraham », « Bâton de Sion », « Parent du Sauveur », « Race de la Lumière », « Colonne de la

Croix », « Don de Jésus », « Serviteur de saint Georges », « Plante de Marie », « Père secourable », etc.

***

L'*Eucharistie* est faite avec du pain fermenté. A défaut de vin, on pile cinq à six grains de raisin sec entre deux pierres, on y ajoute un verre d'eau ; ce liquide servira de vin. On ne donne la communion qu'aux moines, aux religieux, aux enfants au maillot et à ceux qui sont mariés légitimement, chose rare ici. On la refuse aux jeunes gens, aux veufs et aux veuves, quelque bonne que soit leur conduite.

Dans les couvents, on dit la messe tous les jours ; dans les autres églises, seulement les dimanches et jours de fêtes. Les prêtres la célèbrent chacun à leur tour, surtout en certains villages, où, sur 400 à 500 habitants, il y a 60 prêtres et diacres.

Au saint sacrifice sont présentés, en l'honneur de la Trinité, trois pains chacun d'une livre environ ; mais un seul est consacré. Douze pains plus petits sont, en outre, offerts en l'honneur des douze apôtres. Tout est mangé par les prêtres et les servants après la messe ; rien ne doit rester ; heureusement les Abyssins ont à leur disposition un estomac très complaisant.

Le petit enfant communie au jour de son baptême ; le prêtre lui donne une goutte de vin au bout de son doigt ; et quand une mère de famille arrive pour communier, après l'avoir servie, le prêtre fait aussi communier le petit cavalier qu'elle porte sur son dos.

Pour ce qui est de l'*Extrême-Onction*, les prêtres abyssins renoncent à l'administrer, la formule en étant trop longue.

***

L'*Ordre* est le sacrement le plus profané. Pour obtenir d'être promu au diaconat, on donne un morceau de sel (vingt centimes); pour le sacerdoce, deux. Ceux qui ne savent pas lire et veulent être prêtres font en cachette remettre un peu d'argent à l'évêque, et aussitôt toute difficulté s'aplanit.

Voici comment se fait, d'ordinaire, la cérémonie d'ordination.

Pour les diacres (tout le monde peut l'être, même les petits enfants), les ordinands sont réunis dans une grande salle ; l'évêque leur applique la croix sur le front et souffle dessus, sans doute pour leur donner le Saint-Esprit. Mais, s'ils sont trop nombreux, il se contente de les bénir en bloc, avec sa croix et souffle de toutes ses forces aux quatre points cardinaux et c'est fini.

Pour les prêtres, la cérémonie n'est pas plus compliquée, si ce n'est qu'un examen de lecture la précède. Parfois même l'évêque se contente d'un mot : « Va, sois prêtre ! »

Le R. P. Martial raconte que les prêtres du Kaffa, pour être ordonnés, donnent des outres aux marchands, qui les présentent à l'évêque en passant. Celui-ci souffle dedans, et les prêtres, prenant en mains les outres, les pressent, reçoivent le souffle de l'évêque, et ils se croient ordonnés.

Quand quelqu'un meurt, les amis arrivent à la maison du défunt, et pour se dédommager de leurs fatigues choisissent et emportent tout ce qui leur plaît dans la maison. Après quoi, ils procèdent à l'enterrement, qui dure de six à huit heures. Si on leur demande de réciter le psautier de David pour un défunt, les parents doivent donner un veau ! Un homme avait prisé pendant sa vie. Après sa mort, les prêtres déclarèrent aux héritiers que l'âme du défunt ne pouvait être sauvée que moyennant un don de cinq vaches.

Quant aux prêtres abyssins, étant donnée la façon par trop cavalière dont se fait la cérémonie, il est plus que probable qu'ils ne sont pas ordonnés.

L'*abouna* ou évêque coûte cher aux Abyssins ; on doit le payer 20.000 à 30.000 thalers au patriarche d'Alexandrie ; ce qui faisait dire à un empereur :

« Evêque, tais-toi et obéis ; tu ne diffères de mes autres esclaves que par le prix que tu m'as coûté. »

Une arme puissante dont ils usent et abusent à tout propos, c'est l'excommunication. Ainsi, après la bataille d'Adoua, quand Ménélick eut fait couper un pied et une main à plus de 3.000 soldats indigènes qui s'étaient battus contre lui, l'*abouna* fulmina l'excommunication contre tous ceux qui voudraient les soigner.

*
* *

La *confession* est pour les prêtres abyssins un objet de commerce. Les péchés sont taxés ! Aussi les prêtres laissent, à leur mort, à ceux des confesseurs qui sont leurs amis, leurs pénitents comme un héritage.

C'est un peu à cause de cela que la confession est très rare. On se contente d'habitude, quand on rencontre un prêtre, de lui dire : « *Ifetougne* » (absolvez-moi), et lui de répondre sans s'arrêter : « *Ifetatah* (sois absous). »

*
* *

Si le péché accusé est très grave, le prêtre ne peut pas trancher le cas lui-même ; il va en parler à son supérieur, qui souvent n'est même pas prêtre, et c'est ce dernier qui fixera la pénitence à imposer selon le cas.

Voici quelques spécimens des pénitences imposées : rester de trois à sept ans sans manger ni beurre, ni œufs, ni lait, ni viande ; réciter quarante fois le psautier de David ; faire cinq cents génuflexions tous les jours pendant trois mois, etc.

Heureusement les pénitents ont deux moyens pratiques de se tirer d'affaire : ou bien donner une certaine somme au confesseur qui réduira de beaucoup la pénitence, ou bien aller trouver des amis, leur expliquer le cas et partager avec eux la pénitence à faire. Enfin on peut en appeler à l'évêque. Un prêtre député par ce dernier entend les réclamations ; chacun, publiquement, expose son péché et la pénitence imposée ; alors la pénitence est réduite au prorata de la somme offerte. Comédie encore ! mais comédie sacrilège !

***

Le *Mariage* n'existe presque jamais, bien qu'on trouve, dans le rituel abyssin, les détails les plus précis sur la façon de l'administrer.

Voici, d'habitude, ce qui se passe. Lorsque tous les préparatifs sont faits des deux côtés, c'est-à-dire quand les parents de la jeune fille ont reçu l'argent, ils donnent leur fille sans se préoccuper de savoir si elle consent à se marier. Qu'elle le veuille ou non, au jour fixé, on vient la prendre. Suit un grand dîner auquel assiste le confesseur, que le jeune marié choisit en cette circonstance. Celui-ci bénit l'homme, la femme, les animaux, la maison, mais sans dire un seul mot du consentement réciproque que les conjoints doivent se donner.

Au sortir du dîner, les voilà unis jusqu'au moment où ils cesseront d'être d'accord. Les Abyssins peuvent donc changer de femme comme ils veulent, se mariant d'abord au singulier, ensuite au pluriel, mais toujours au conditionnel !

***

J'en ai assez dit, je crois, pour montrer à quel degré d'abaissement est tombée cette Eglise autrefois si fervente. Ce que je n'ai pas dit, c'est la haine de beaucoup d'Abyssins contre tout ce qui est catholique.

Un jour, un enfant étant venu voir un missionnaire, reçut de lui quelques morceaux de sucre. Le pauvre petit s'en retournait tout joyeux quand son père aperçut le sucre qu'il avait dans la main. Et comme l'enfant avouait qu'il l'avait reçu chez un

« Frendji », le père, furieux, lui lança une énorme pierre, qui, heureusement, manqua son but ; puis, prenant le sucre, il l'écrasa entre deux cailloux.

***

Nous aurions, malgré tout, beaucoup de conversions si un peu de liberté nous était enfin donnée ! Mais la peur est là qui glace les meilleures bonnes volontés. Les pires avanies attendent ceux qui se convertissent : leurs parents les maudissent, leurs prêtres les supplient de revenir à eux ; on va jusqu'à confisquer leurs biens, leur voler les champs qu'ils cultivent, les réduire à la mendicité et, dès que la persécution s'élève, c'est la prison, la flagellation, parfois la mort.

On comprend qu'en face de pareilles difficultés, les plus vaillants reculent ; ou bien, ils font ce raisonnement, qui parfois calme les remords de leur conscience :

« Je sais bien que la véritable religion, c'est la religion catholique, mais, si j'y entre, je m'expose à une foule de difficultés qui me rendront la vie impossible. Conclusion : attendons des jours meilleurs ! »

***

Ah ! ces jours meilleurs, quand viendront-ils luire sur ce malheureux pays ? L'Eglise de Dieu ne craint pas les persécutions ; mais elle a besoin de l'air de la liberté pour vivre.

Emprisonnés dans l'affreux ravin d'Alitiéna, qui serait inhabité si nous n'étions pas là, nous allons, comme Moïse, du haut des montagnes, contempler au loin l'immense terre promise que Dieu nous a confiée ; nous ne pouvons y pénétrer. Le plus sage pour le moment est de « faire les morts ». La moindre imprudence, un zèle inconsidéré, aurait pour effet presque immédiat de nous faire chasser de ce dernier poste auquel nous nous attachons avec toute l'énergie que donne la foi, la force que donne l'espérance, et l'opiniâtreté que l'amour de Dieu fait germer dans nos âmes.

Et nous attendons !

CHAPITRE XV

Les superstitions

Après ce qu'on vient de lire, s'étonnera-t-on que les pratiques superstitieuses abondent en Abyssinie ? Si l'on en rencontre même en des pays civilisés, quelle collection n'en pourra-t-on pas faire dans cette terre barbare où le christianisme lui-même est si étrangement défiguré ?

Essayons de mettre un peu d'ordre dans le ramassis d'absurdités qui, sous couleur de religion, ont trouvé par ici créance et faveur.

1. Les Animaux.

Le serpent tombe le premier sous ma plume ; commençons par le serpent.

Ici, c'est presque un dieu, un génie ; aussi est-il « tabou ». Quand il habite une maison, il en est comme le dieu lare, le protecteur. On ne peut le tuer sans s'exposer à de grands malheurs.

A trois heures d'ici, avait élu domicile un magnifique boa, long de dix à douze mètres. Je nourrissais contre lui des idées belliqueuses. Mais on nous conseilla de laisser ce paroissien-là tranquille, bien qu'on fût exposé à le rencontrer sur sa route en allant à Gouala. Sa mort aurait, paraît-il, amené le desséchement complet du torrent où il vivait.

Nos gens, même catholiques, aiment à se mettre des amulettes au cou et ils y installent parfois des os de serpent. Il paraît que cela porte bonheur.

Chez les Gallas, ce culte du serpent va si loin que, si l'un d'eux daigne venir loger chez vous, on lui donne tous les jours du lait à boire.

Chez les moines du couvent de Goundé-Goundé, à six heures de Gouala, on montre une caverne, résidence d'un terrible dragon.

« Ce monstre, disent-ils, avant d'être contraint par nos prières à se renfermer dans son antre, dévorait chaque jour une jeune fille que les gens du pays lui jetaient en pâture. »

Un jour que Mgr de Jacobis allait voir ces moines, il leur demanda pourquoi ils ne cherchaient pas à se débarrasser d'un voisin si incommode :

« C'est que, répondirent-ils, nous avons peur de voir à sa mort le monde anéanti ! »

***

Passons aux oiseaux, personnages plus intéressants.

Il y a un petit oiseau rouge, tout mignon, qu'on ne doit pas tuer, parce que, paraît-il, c'est dans son petit corps que les âmes des petits enfants vont après leur mort.

Le pigeon, image du Saint-Esprit, locataire habitué des églises schismatiques, est, lui aussi, oiseau sacré.

Avis aux chasseurs, maintenant.

Si vous tuez une perdrix blanche ou une pintade blanche, vous aurez la lèpre avant la fin de l'année. Si vous tuez une gazelle et qu'elle ait un trou ou une épine dans l'oreille, c'est Satan qui l'a marquée comme sa chose à lui. Ne la mangez pas, car Satan vous mangerait pour se venger.

Il y a un oiseau au ventre blanc, au dos noir, gros comme un moineau ; il faut bien remarquer de quel côté et comment il chante quand vous passez ; s'il fait : *ko ra ra,* c'est mauvais signe ; s'il dit : *kou kou kou,* c'est très bon signe !...

Si le coq chante le matin, tout ira bien ! (c'est souvent le cas) ; mais, s'il chante à neuf heures du soir, c'est l'annonce que le roi est mort.

***

Entendre le cri de l'hyène une ou deux fois, c'est mauvais signe ; mais huit à dix fois, très bon présage.

Si une vache meurt pendant la semaine sainte, on ne doit pas la manger, mais la jeter, parce que, si vous la mangez, toutes les autres mourront. Quand vous allez vendre une vache, conservez précieusement un de ses poils, avant de la livrer à un nouveau maître ; de cette façon, votre richesse ne s'en ira pas avec elle !

Il faut voir avec quel soin les acheteurs de chevaux considèrent de quel côté penche la crinière ; si à droite, c'est bon signe, à gauche, mauvais augure.

Il vous arriverait peut-être, à la vue d'une belle chèvre, d'une belle vache, de dire : « Oh ! la belle bête ! » De votre part, c'est d'un bon naturel ; mais cela les rend tristes, car cette parole que vous avez dite leur portera malheur. Il vaut donc mieux ici rengainer ses impressions !

Quand on bat le grain dans l'aire, il y a beaucoup de précautions à prendre : si une chèvre arrive, c'est mauvais présage ; un singe, c'est encore plus mauvais ; si c'est une femme, c'est encore pire.

***

Pendant que je suis sur le chapitre des animaux, laissez-moi vous raconter comment se passe, au mois de septembre, la fête du bétail. C'est à l'occasion de la « Fête de la croix », qui est le 1er janvier abyssin. Ce jour-là, on allume de grands feux sur toutes les montagnes, ce qui ne manque pas d'un certain cachet. Quant à la croix, on n'y pense guère ; c'est la fête des vaches, ce qui touche plus mes paroissiens que le souvenir de la Passion du Sauveur.

On se réunit par familles, et on s'en va dans les pâturages. Là, on rassemble tout le bétail et la cérémonie commence. Tout d'abord un enfant, armé d'une espèce de calebasse remplie de lait, y plonge une branche en guise de goupillon et asperge tant qu'il peut les vaches tout ahuries.

Un homme le suit, traînant un mouton, qui sera égorgé plus tard. Cet homme fait sept fois le tour du troupeau, en adressant aux pauvres bêtes un sermon en ces termes :

« O vaches, ô bœufs, si on vous dit blanc, si on vous dit noir, si on vous dit rouge, si on vous dit que vous êtes beaux ou que vous êtes vilains ; bons ou mauvais ; si on vous parle du jour, de la nuit, de la lune, du soleil et des étoiles ; si on vous dit que vous avez beaucoup ou peu de lait, que vous avez un bon ou un mauvais gardien ; si on vous donne de l'herbe bonne ou mauvaise, laissez dire et laissez faire. C'est l'esprit qui dirige tout ; et pour plaire à cet esprit (génie), voyez, nous allons lui sacrifier ce mouton en votre nom et à votre place. »

Cabane de pasteurs.

Après le sermon, on immole la victime. Chez nos catholiques pourtant on ne retrouve plus cette superstition. Ils tuent et mangent une bête, mais sans invoquer les esprits.

Pendant ce temps, on place au milieu du groupe les vaches les plus vieilles ; autour d'elles on fait faire le cercle par les autres.

Alors, on jette sur le troupeau réuni le mouton immolé ! Les vaches en le voyant venir disent :

« — Ah ! ah ! ah ! Qu'est-ce que cela veut dire ? »

Alors, on leur répond :

« — C'est bien, ô vaches, les esprits sont contents. »

Tout le monde s'assied ensuite et, au milieu d'un grand silence, on arrache la graisse de la bête et on la dépose sur une pierre, au-dessus d'un grand feu ; la fumée est à l'adresse des génies.

Alors, on fait un mélange de beurre et de farine, et on en oint les cornes des bœufs et des vaches, en disant :

« — Nous te mettons du beurre pour que tu sois belle, ô ma vache ; et pour que tu manges bien ton herbe. »

Quand tout est fini, on tue encore des moutons ou des chèvres, de façon à ce que chacun puisse se rassasier. Pour un groupe de vingt personnes, il faut sept ou huit bêtes.

*
* *

2° Les esprits ou génies.

Les esprits ou génies existent un peu partout. En Abyssinie ils abondent. Il n'est guère de montagne qui ne possède son « génie » ou son « diable ».

Le peuple ne se rend pas bien compte si cet esprit est bon ou mauvais. Peu lui importe, c'est quelque chose qui surpasse la nature des hommes ; quant à vouloir en deviner davantage, c'est inutile.

Les génies jouent un grand rôle dans la vie des Abyssins.

Citons d'abord le « mauvais œil », superstition qu'on retrouve même en Italie. Une corne plantée au-dessus de la porte suffit aux Italiens ; mais ici, c'est bien plus grave, et ce terrible mauvais œil peut causer les plus grands malheurs. Aussi quelles précautions on prend pour s'en préserver !

Il m'est arrivé plus d'une fois, en voyage, de m'asseoir sur un rocher pour boire l'eau du torrent. Mon vieux guide, alors, n'avait qu'une préoccupation, enlever sa toge et la tenir au-dessus de ma tête.

« — Pourquoi faites-vous cela ? lui demandai-je.

« — C'est pour qu'il ne te voie pas.

« — Qui ?

« — Lui.

« — Qui, lui?

« — Mais le mauvais œil ! »

En plus de ce « mauvais œil » répandu partout, il y a des gens dont le regard est mauvais, en général tous ceux qui travaillent le fer, et beaucoup d'autres encore. Parfois on cache les enfants quand ces gens paraissent et, quand ils sont sortis, on jette après eux un peu de poussière en disant : « Que ta malice sorte après toi ! »

Après cette épreuve, l'enfant est guéri.

***

Le P. Martial de Salviac raconte que l'empereur Joannès voulait voir Mgr Massaïa, mais sans être vu de lui. Il le reçut dans une case obscure, se voila le visage et fit tomber du toit un jet de lumière qui devait éblouir l'évêque, pendant qu'un valet lui pesait vivement sur le pied pour qu'il ne quittât pas sa place. Il sortit de la salle sans que le roi se fût découvert la figure, et cela... par crainte du mauvais œil.

Les esprits sont partout. Si, pendant le repas, le feu s'éteint, il y a lieu de craindre que les génies ne viennent prendre la nourriture ; alors, jusqu'à ce que le feu soit rallumé, on frappe sur des corbeilles et on crie : « Nous sommes là. » Devant une pareille protestation, l'esprit n'ose pas venir !

Quand on bat le grain dans l'aire, on doit manger une herbe aimée des esprits, et lorsqu'on se prépare à dîner, un homme prend un peu de la nourriture, la porte au milieu de l'aire en disant : « Tiens, esprit, voilà pour toi ! »

Et il écoute. Une minute après, il revient.

« — Qu'est-ce qu'il t'a dit? demande tout le monde. Et notre homme de répondre :

« — Préparez tant de sacs » a dit l'esprit.

Si la rougeole entre dans une maison, c'est un signe de l'arrivée de l'esprit. Durant la maladie, on ne peut faire aucune prière dans la maison. Si le prêtre y vient, il n'y peut rien bénir ; on ne doit même pas prononcer le nom de Dieu, à cause de l'esprit, qui, paraît-il, n'aime pas ce nom. Ce qui semblerait prouver que ces génies ne sont autre chose que le démon lui-même !

Certains hommes sont au service du démon, paraît-il ; ils ont à leur tête un chef nommé « Légion » (réminiscence du chapitre V de saint Marc) ; ils ont même le pouvoir de se cacher aux regards des mortels.

3° Superstitions religieuses.

Etant donné que les Abyssins voient des « mauvais œils » et des génies partout, on ne sera pas étonné d'apprendre que de multiples superstitions se greffent sur ce qui leur reste de pratiques religieuses.

Sur les chemins, en face des églises qui pullulent, on trouve souvent des tas de cailloux recouverts de branchages ; c'est que chaque passant jette là une pierre ou un morceau de bois, et cela en l'honneur de l'église que l'on découvre aux environs, entourée d'un petit bosquet. Pour beaucoup, c'est presque le seul acte de religion qu'ils fassent.

Presque tous portent au cou des amulettes ; ils en donnent même à leurs bêtes. Le plus souvent, c'est un sachet de cuir renfermant des formules de prières.

***

J'ai eu en mains un de ces *ketab*, morceau de parchemin de 8 centimètres de large sur 1 m. 20 de long, qui avait appartenu à l'arrière-grand'mère d'un de nos élèves. Celle-ci, pour l'avoir, avait donné une vache.

Je l'ai fait traduire, et en voici quelques passages :

« Au nom du Père et du Fils et du Saint-Esprit, un seul Dieu.

« Livre de contrepoison qui a été copié sur les quatre-vingt-sept livres de la Bible.

« C'est un poison contre les mauvais esprits qui donnent la maladie des esclaves (épilepsie) ; c'est un remède pour vous préserver des musulmans, des chrétiens, des gallas, des nègres, des Egyptiens, du choléra, de la fièvre, de la vérole, et des juifs !

« Que cet écrit vous protège des maléfices, des magiciens, des forgerons et des hommes à queue qui mangent les autres ! Que la magie produite par les sorciers, en regardant le ciel, en foulant la terre, en frappant la porte, en touchant l'autel, en troublant la mer, en palpant des pierres, en coupant des feuilles, en déracinant des arbres, soit anéantie par le nom d'Illenazer.

« O Illenazer, dispersez les sorts lancés contre cette fille du Christ, votre servante ; préservez-la du mauvais œil. Yakou, Yakou, Satan, esprit d'épilepsie, sors d'elle et n'y reviens plus. Guérissez, Seigneur, les rhumatismes de votre servante, et préservez-la pour toujours de l'apoplexie. Amen. »

CONCLUSION

Cela suffit pour un premier travail. D'autres suivront. Ces quelques détails écrits au jour le jour, dans des cabanes, sous la tente, un peu partout, vous donneront un aperçu du pays et des habitants. Ils vous permettront de pénétrer au cœur de ce peuple si complexe, et de voir le travail formidable qui s'impose aux pauvres missionnaires du bon Dieu !

Lorsque, debout sur le rivage, le marin mesure du regard l'immensité des océans et songe qu'il doit se lancer à travers ce formidable inconnu qui le fascine, deux sentiments surgissent en son âme. C'est, d'abord, la conscience de sa faiblesse, puis je ne sais quelle impulsion mystérieuse qui le dépouille de sa timidité naturelle, qui l'entraîne vers le danger, qui le stimule, l'électrise et, malgré tout, le pousse en avant.

Nous connaissons ces deux sentiments ; ils sont les hôtes habituels de nos âmes.

Nous savons trop les nobles jouissances de l'apostolat, pour nous préoccuper des épines qui ensanglantent nos pieds. Nous ne sommes pas venus ici pour y cueillir des roses ; il y a mieux que cela à glaner sur la route du ciel. Nous ne sommes pas des rêveurs, émoussant nos volontés dans des rêveries creuses. Nous sommes des travailleurs et des soldats de Dieu.

Nous espérons tout de Dieu et rien de nous-mêmes ! Oui, tout de Dieu : son amour, sa croix, des âmes, des dangers, des luttes, la mort même !

Vous, nos frères de France, aidez-nous ! aimez-nous et priez pour nous !

Barque sur le lac Tsana.

Table des Matières

LYON — IMP. EMMANUEL VITTE, 18, RUE DE LA QUARANTAINE — 6880.

Imprimé en France

www.ingramcontent.com/pod-product-compliance
Ingram Content Group UK Ltd.
Pitfield, Milton Keynes, MK11 3LW, UK
UKHW020136220726
13923UKWH00001B/203